CHRISTIANE SCHLÜTER

Der innere
Jakobsweg

Aufbrüche wagen,
eigene Wege gehen,
neue Ziele finden

Die eigenen Wurzeln lieben

Was uns vorwärts lockt

Unsere Wegbegleiter

»Für jeden Menschen existiert
ein besonderer Weg.«

LEO N. TOLSTOI | RUSSISCHER SCHRIFTSTELLER (1828 – 1910)

Den eigenen Weg finden

Wer reist, sammelt Erfahrung – nicht zuletzt über sich selbst. Das gilt insbesondere für Pilgerreisen. Denn als Pilger machen wir uns nicht in erster Linie auf, um von A nach B, sondern vielmehr, um zu uns selbst zu kommen. Dieses Bedürfnis verspüren wir vor allem dann, wenn entscheidende Lebensereignisse uns zu einer Neuorientierung zwingen oder wir nicht mehr recht zufrieden sind mit unserem Leben. Doch was tun, wenn wir nicht einfach den Rucksack packen und für eine Weile verschwinden können, um unseren Standort neu zu bestimmen? Dann können wir die verschiedenen Aspekte, die typisch für eine reale Pilgerreise sind, zum Vorbild nehmen und uns mental auf den Weg machen. Klingt verrückt? Ist es aber nicht. Pilgern im Kopf und im Herzen ist möglich. Dieses Buch soll Sie auf Ihrer inneren Pilgerreise begleiten. Ich freue mich, wenn es Sie darin unterstützt, Ihren Weg (wieder) zu finden.

Bevor
ES LOSGEHT

Veränderungen gehören zu unserem Leben dazu. Manchmal brechen sie abrupt über uns herein und sind nicht zu übersehen. Manchmal kommen sie beinahe unbemerkt oder bleiben sogar zu lange aus, sodass wir sie geradezu herbeiwünschen. In jedem Fall fordern sie uns dazu auf, jetzt nicht stecken zu bleiben oder sich im Kreis zu drehen, sondern sich auf einen neuen Weg zu machen. Treffen Sie also Ihre Reisevorbereitungen!

DAS SINNBILD
DER REISE

Bevor ich den ersten Satz zu diesem Buch niederschrieb, räumte ich meinen Schreibtisch leer und machte sauber. Ich hatte das Gefühl, gerade dieses Buch sollte ich an einem Platz beginnen, der wie neu wäre. Und plötzlich, das Staubtuch in der Hand, fand ich ihn: den ersten Satz, nach dem ich seit Tagen gesucht hatte, ohne mir dessen so richtig bewusst zu sein: »Veränderungen gehören zu unserem Leben dazu.« Bewegung – und wenn es beim Putzen ist – hilft, damit sich in Gedanken etwas löst. Das zeigt dieses Beispiel einmal mehr. Da hatte ich ihn nun, meinen ersten Satz. Ich konnte es kaum erwarten, den PC einzuschalten, um das Gefundene aufzuschreiben. Und zum ersten Mal in meinem Autorinnenleben begann ich ein Buch wirklich mit dem allerersten Satz. Meistens zeigen sich erste Sätze nicht gleich zu Beginn des Schreibens. Sie kommen gern etwas später. Aber diesmal war es anders. Das lag sicherlich am Thema, denn in diesem Buch geht es ums Reisen, um eine ganz besondere Art des Reisens. Und eine Reise lässt sich nun mal nur mit dem ersten Schritt beginnen.

»Man kann gar nicht oft genug im Leben
das Gefühl des Anfangs
in sich aufwecken.«

RAINER MARIA RILKE | DEUTSCHER DICHTER (1875 – 1926)

AUF DEM WEG DES LEBENS

Doch bevor wir den ersten Schritt tun, wollen wir uns genauer ansehen, um welche Art des Reisens es in diesem Buch geht. Es geht nicht um die üblichen Reisen, für die man Tickets kauft, Zimmer bucht. Nein, hier ist von anderen Reisen die Rede. Von denen, die wir unternehmen, ohne dafür Urlaub einzureichen, und oft sogar auch, ohne den Ort zu wechseln. Es sind die Reisen, die uns das Leben selbst von Zeit zu Zeit schenkt oder aber aufdrängt – je nachdem, wie wir es empfinden. Je nachdem, ob diese Reisen willkommen sind oder nicht, ob sie in unseren Plan passen oder nicht. Dieses Buch handelt von den Veränderungen, von den Umbrüchen und Neuanfängen, vor denen wir im Lauf unseres Lebens immer wieder stehen. Sie als Reise zu beschreiben, trifft es ziemlich gut. Denn das Sinnbild der Reise drückt vieles aus, was auch auf solche Veränderungen zutrifft. Man spricht ja sogar von der Lebensreise und meint dabei den Weg, den ein Mensch im Lauf seines Lebens zurücklegt.

JEDER NEUANFANG IST EINE ART REISE

Bleiben wir noch etwas bei den realen Reisen, die wir alle hin und wieder unternehmen. Mir selbst geht es so, dass ich auch diese Reisen immer als kleinen Anstoß zu einer Neuorientierung erlebe. Wir machen uns auf, um woandershin zu gelangen. Das bedeutet, Vertrautes hinter sich zu lassen, für kurze Zeit wenigstens. Erinnern Sie sich noch an Ihre letzte Urlaubsreise? Mit welchem Gefühl sind Sie kurz vorher durch Ihre Wohnung gegangen? Mit welchem Gefühl haben Sie tags zuvor Ihren Arbeitsplatz verlassen? Ich weiß in solchen Momenten: Das alles werde ich wiedersehen. Es bleibt hier, und wenn ich zurückkehre, kann ich da wieder anknüpfen, wo ich jetzt die Fäden aus der Hand gelegt habe. Was gut ist oder auch nicht, je nachdem, wie ich zu dem betreffenden Detail meines alltäglichen Lebens stehe. Aber erst einmal bin ich jetzt weg, denke ich und spüre deutlich die Vorfreude auf das Neue, das Unbekannte im Bauch kribbeln. Ja, es stimmt: Reisen bedeutet immer auch, neue Wege zu gehen. Und deshalb lässt sich auch jede Neuorientierung, jeder Neuanfang im Leben als Reise beschreiben.

WO DIE UNTERSCHIEDE LIEGEN

Doch es gibt auch Unterschiede zwischen den Urlaubsreisen und jenen anderen Reisen, um die es in diesem Buch gehen soll. Das betrifft zum einen die Rückkehr. Zwar kehren wir auch aus dem Urlaub immer ein wenig verändert zurück. Aber die kleinen und großen Neuanfänge im Leben, bei denen wir in gewisser Weise auch auf eine Reise gehen, führen uns nicht mehr zum Ausgangspunkt zurück. Wir wissen: Jetzt ändert sich unwiederbringlich etwas. Deshalb wohnt solchen Aufbrüchen ein größerer Ernst inne – es geht um mehr.

Und noch einen wesentlichen Unterschied gibt es. Er betrifft die Planung und die Vorfreude. Zu den Urlaubsreisen gehört beides dazu. Bei den Reisen, die in diesem Buch betrachtet werden sollen, ist das nicht so selbstverständlich. Wie viele der Veränderungen, die Sie in Ihrem Leben schon erfahren haben, waren wirklich geplant, auf welche konnten Sie sich schon im Vorhinein freuen?

Freilich – manche Veränderungen, die das Leben bringt, ahnen wir im Voraus. Von manchen wissen wir sogar sicher, dass sie kommen werden – zum Beispiel das Älterwerden. Aber wie es wirklich sein wird, das spüren wir doch erst, wenn wir mittendrin stecken. Andere Veränderungen treffen uns vollkommen unerwartet. Wir empfinden sie als plötzliche Umbrüche, und nicht selten gehen sie mit einem Verlust einher. Und wieder andere Veränderungen führen wir selbst herbei – weil wir Lust auf Neues haben, nein, mehr noch: weil wir das dringende Bedürfnis verspüren, dass etwas Neues in unser Leben treten soll.

Auf so viele Arten reisen wir also durch unser Leben. Gibt es dann vielleicht ein noch genaueres Sinnbild, mit dem sich dieses besondere, vielfältige Unterwegssein beschreiben lässt? Ich glaube, das Pilgern kann solch ein Sinnbild sein.

PILGERN – EINE BESONDERE ART, UNTERWEGS ZU SEIN

Das Pilgern ist in allen Weltreligionen bekannt. Der Begriff kommt vom lateinischen Wort »peregrinus« – »Fremder«. Zu pilgern bedeutete ursprünglich, die Heimat zu verlassen und in die Fremde zu gehen, um eine vertiefte religiöse Erfahrung zu machen, sei es zur Buße oder für die eigene spirituelle Weiterentwicklung. Ziel der Pilgerreise kann ein Wallfahrtsort oder eine andere religiös bedeutsame Örtlichkeit sein. Doch wer sich auf eine Pilgerfahrt begibt, der reist nicht nur einfach los, um anzukommen. Beim Pilgern ist der Weg ebenso wichtig wie das Ziel. Die Erfahrungen, die Menschen unterwegs machen, sind das Charakteristische, wodurch sich das Pilgern von vielen anderen Arten des Reisens unterscheidet. »Der Weg ist das Ziel«, diese Weisheit, die dem chinesischen Philosophen Konfuzius zugeschrieben wird, gilt in besonderem Maß für das Pilgern. Aber wie gelingt es, den Weg als Wert an sich anzusehen und nicht nur als Schnellstraße hin zum Zielort?

Der Jakobsweg

Im Christentum ist Santiago de Compostela in Nordspanien nahe der Atlantik-küste die bekannteste Pilgerstätte. Die Kathedrale der Stadt gilt als Grabes-kirche des Apostels Jakob (»Santiago« bedeutet »heiliger Jakob«). Der dorthin führende historische Jakobsweg ist mittlerweile zum Inbegriff des Pilgerweges geworden, vor allem der »Camino Francés« genannte Abschnitt. Er verläuft von den Pyrenäen bis zum Jakobsgrab in Santiago. Zunehmend werden in ganz Europa die alten Wege rekonstruiert, auf denen man bis zum Camino gelangt, und durch das traditionelle Wegzeichen des Jakobswegs, die Jakobsmuschel, ausgewiesen (auch auf dem Umschlag dieses Buches zu sehen).

SICH ZEIT NEHMEN UND OFFEN SEIN

Wer ausschließlich losfährt, um anzukommen, hat den Blick fest auf das Ziel gerichtet und übersieht deshalb oft, was rechts und links des Weges liegt. Das ist prinzipiell nicht verkehrt und soll deshalb auch nicht abgewertet werden. Wichtig ist nur, dass der Reisende weiß, was er tut: nämlich durch die Landschaft rasen, weil er es eilig hat und weil einzig das Ziel wichtig ist. Solche Reisen kennen Sie sicher auch. Aber vermutlich haben Sie auch eine andere Art des Reisens bereits erlebt. Eine, bei der Sie sich mehr Zeit lassen und deshalb offener sein können für das, was Ihnen unterwegs begegnet. Das Pilgern gehört zu dieser zweiten Art des Reisens. Es geschieht ohne Eile. Das Ziel liegt am Ende des Weges. Es soll auch erreicht werden, aber nicht die Zukunft ist wichtig, sondern die Gegenwart. Für sie offen zu sein, das ist eine grundlegende Haltung beim Pilgern.

SUCHEND UNTERWEGS

Aber das Pilgern ist doch noch mehr, oder? Richtig, das Pilgern ist mehr als ein gemütlicher Spaziergang, bei dem man sich Zeit lässt. Eine Pilgerfahrt tritt nämlich nur derjenige an, der es muss. Weil er auf der Suche ist, weil er etwas vermisst. Vielleicht fehlt ein wichtiger Lebensinhalt, vielleicht aber auch ein anderer Blick auf das, was bereits da ist. Oder es mangelt am Einklang mit sich selbst. Zum Beispiel dann, wenn etwas anders geworden ist in unserem Leben und auf einmal manches, was früher gestimmt hat, nun nicht mehr passt. Und manchmal fehlt etwas, weil es uns völlig unerwartet und schmerzlich genommen wurde – ein lieber Mensch, eine vertraute Aufgabe. Wichtig ist: Um auf Pilgerfahrt zu gehen, muss man nicht unbedingt wissen, was fehlt. Man muss nur spüren, dass etwas fehlt. Und man muss bereit sein, etwas zu riskieren, um es zu finden. Das Pilgern ist eben keine einfache Wanderung und keine normale Urlaubsreise. Gerade deshalb passt es so gut als Bild für die kleinen und großen Auf- und Umbrüche im Leben.

WIR PILGERN NICHT ALLEIN

Wenn auf einmal nichts mehr so ist, wie es war, kann man sich ja zuweilen sehr allein fühlen. Die anderen sind ganz woanders, so empfinden wir in solchen Situationen. Dann hilft es, sich zu vergegenwärtigen: Die Erfahrungen, die wir soeben machen, teilen wir mit vielen Menschen. Immer waren und sind auch andere Suchende unterwegs so wie wir gerade jetzt. Selbst wenn wir uns im Augenblick sehr einsam fühlen. Auch aus diesem Grund ist das Pilgern ein Sinnbild für die Bewegung, in die wir geraten, wenn wieder ein Neuanfang im Leben ansteht. Denn wer pilgert, ist nicht allein. Selbst wenn er auf seinem Weg tagelang niemandem begegnen sollte, so wüsste er doch: Es gibt sehr viele Menschen, die im Moment genauso unterwegs sind wie ich. Sie alle sind von einer Frage getrieben, einer Sehnsucht oder einer Aufgabe, die das Leben ihnen gestellt hat und die sie meistern müssen. In diesem Wissen liegt etwas Tröstliches.

DIE ÜBERZEUGUNGSFRAGE

»Nun sag, wie hast du's mit der Religion?«, fragt die junge Margarete den Doktor Faust in Goethes berühmter Tragödie. Eine solche »Gretchenfrage« stellen jetzt vielleicht auch Sie: Braucht es zum Pilgern nicht einen festen Glauben? Wie gläubig muss ich, wie ungläubig darf ich sein, wenn ich mein inneres Unterwegssein als Pilgerfahrt begreifen will? Darauf gibt es zwei Antworten.

→ Die erste und wichtigste lautet: Glaube lässt sich nicht vorschreiben. Er ist ein Geschenk und keine Leistung, die erbracht wird.

→ Die zweite Antwort: Allein die Tatsache, dass Sie über das Pilgern nachdenken, zeigt bereits, dass Sie auf der Suche sind. Dass Sie Fragen stellen. Diese Haltung aber ist viel wichtiger als jede glaubensgewisse Antwort. Und sie genügt.

Ich möchte den Begriff des Glaubens in diesem Buch möglichst wenig verwenden. Er ist mir hier zu eng. Ich spreche und schreibe lieber über das Vertrauen und über das, woraus wir Kraft schöpfen, was uns trägt und unserem Leben einen Sinn verleiht. Wenn Sie danach immer wieder fragen und Ihre Antworten im Alltag immer neu der Realitätsprobe unterziehen, sind Sie in der Haltung des Pilgerns unterwegs. Realitätsprobe bedeutet: Sie schauen, ob Ihre Überzeugungen und Ihre Lebenspraxis zusammenpassen. Wie das im Einzelnen aussehen kann, auch darum wird es in diesem Buch gehen.

EINE BEWEGUNG IN KOPF UND HERZ

Bis hierher haben wir gedanklich bereits eine Wegstrecke zurückgelegt: Innere Pilgerfahrten, so können wir jetzt sagen, sind die Reisen, die wir innerlich unternehmen, wenn aus den unterschiedlichsten Gründen etwas anders wird in unserem Leben. Es sind Bewegungen im Kopf und im Herzen, mit deren Hilfe wir uns inmitten der veränderten Umstände neu ausrichten. Etwas wird anders, und wir müssen uns neu justieren. Müssen neu fragen, wer wir sind, was uns hält und wohin wir gehen. Diese Aufgabe stellt sich uns nicht immer in gleicher Intensität. Zum Glück, denn wir könnten uns nicht ständig und ununterbrochen so sehr mit uns und unserem Inneren beschäftigen. Es gibt auch die anderen Zeiten – die, in denen solche Fragen ruhen. Zeiten, in denen wir einfach tätig sind und unser Leben mit all seinen Licht- und Schattenseiten leben. Aber irgendwann geschieht etwas – oder es geschieht im Gegenteil zu lange nichts. Und dann ist uns, als würde uns jemand auf die Schulter klopfen und sagen: Schau dich um. Es wird wieder einmal Zeit, deinen Lebensweg unter die Lupe zu nehmen. Wir können nicht vermeiden, dass das geschieht. Wir haben es auch schon öfter erlebt. Was gut ist, denn immer dann, wenn wir wieder vor einem solchen Wendepunkt stehen, hilft es, sich daran zu erinnern: »Ich habe das schon einmal oder mehrmals geschafft. Ich bin schon früher durch solche Phasen hindurchgegangen – mal mehr, mal weniger gern, aber ich habe es immer getan.« Die folgende Übung leitet Sie dazu an, auf wichtige Wendepunkte Ihres Lebens zurückzublicken und sich die dort gemachten Erfahrungen als Ressource zu erschließen.

ÜBUNG

Rüsten Sie sich für die Reise

Alle Umbrüche und Neuanfänge, Krisen und Höhepunkte, die Sie bereits erlebt haben, können Sie als Kraftquelle für Ihre aktuelle Situation nutzen. Schauen Sie also, bevor Sie Ihre neue innere Pilgerreise antreten, erst einmal zurück und machen Sie sich bewusst, wie Sie früher mit Umbruchsituationen umgegangen sind. So lernen Sie sich selbst und Ihre Stärken besser kennen. Damit schaffen Sie sich eine gute Ausrüstung für den jetzigen Weg.

- Teilen Sie Ihr Leben in Zeitabschnitte ein, zum Beispiel in Einheiten von fünf, sieben oder zehn Jahren.

- Suchen Sie für jeden dieser Zeitabschnitte mindestens ein Ereignis, mit dem Sie am ehesten den Begriff des Wendepunktes oder Umbruchs verbinden, und notieren Sie diese Ereignisse.

- Wählen Sie eines dieser Ereignisse aus. Was war das Thema? Formulieren Sie das Thema als Aufgabe, die Ihnen gestellt war.

- Beschreiben Sie kurz, wie Sie diese Aufgabe gelöst haben. Behalten Sie dabei eine positive Haltung bei: Es geht um das, was Sie geschafft haben. Sei es, indem Sie die Aufgabe direkt gelöst haben, sei es, indem Sie sie so umgewandelt haben, dass Sie eine passende Lösung finden konnten. Oder sei es, dass Sie die Aufgabe zwar nicht lösen, aber trotzdem auf irgendeine Weise weitergehen konnten.

- Stellen Sie sich vor, über dieses Ereignis in Ihrem Leben würde ein Roman geschrieben. Was für ein Buch wäre das? Ein Entwicklungsroman, ein Krimi, eine Liebesgeschichte? Lassen Sie Ihrer Fantasie freien Lauf.

- Wie würde der Titel dieses Buches lauten?

- Wiederholen Sie, wenn Sie mögen, die Übung mit weiteren Ereignissen.

DIE ZEICHEN
ZUM AUFBRUCH ERKENNEN

Woran merken wir, dass es Zeit ist für den Aufbruch zu einer inneren Pilgerreise? Manchmal ist die Situation so deutlich, dass wir gar nicht mehr dazu kommen, uns diese Frage überhaupt zu stellen. Das gilt vor allem für Ereignisse, die ohne unser Zutun geschehen. Sie sind zuweilen durchaus willkommen. Ein unerwartetes Jobangebot in einer anderen Stadt etwa ist ein schönes Zeichen, auch wenn es uns in Unruhe versetzt und vor eine Entscheidung stellt. Ebenso deutlich, doch ungleich schmerzhafter sind wir zum Aufbruch gezwungen, wenn wir krank werden oder gar einen nahestehenden Menschen verlieren. Auch hier müssen wir reagieren, müssen irgendwie damit umgehen und eine Strategie finden. Wir sind dann aus den gewohnten Bahnen geworfen, noch ehe wir uns dessen bewusst geworden sind. Kaum dass wir, bildlich gesprochen, unseren Rucksack raffen und das Notwendigste hineinwerfen können. Vorwärts, vorwärts – und erst im Gehen kommt uns zu Bewusstsein, wie viel sich jetzt geändert hat. Vielleicht versuchen wir auch, uns gegen das Geschehene zu stemmen. Vor allem bei schweren Verlusterfahrungen gibt es diese Phase der Weigerung und des Verneinens. Einfach weil es so schwer ist zu akzeptieren, was geschehen ist. Die erste Wegstrecke einer solchen Pilgerreise werden wir dann mit dem Versuch zubringen, die geänderte Situation innerlich überhaupt erst einmal anzunehmen.

ETWAS SOLL ANDERS WERDEN

Daneben gibt es die anderen Wendepunkte. Die, die sich lange im Voraus ankündigen, wobei wir zunächst gar nicht unbedingt verstehen, was sich da ankündigt. Erst wenn gewisse Anzeichen sich häufen und immer unabweisbarer geworden sind, setzen wir das Bild zusammen und erkennen: Etwas soll anders werden in meinem Leben.

Sie erkennen eine solche Situation daran, dass …

→ … Sie eine unbestimmte Sehnsucht verspüren,

→ … Ihnen bei gewohnten Tätigkeiten zunehmend mehr Flüchtigkeitsfehler unterlaufen,

→ … Sie sich unterfordert und gelangweilt fühlen,

→ … Sie, obgleich einigermaßen erholt, auf Kleinigkeiten im Alltag zunehmend gereizt reagieren,

→ … Sie grundlegende Weichenstellungen anzweifeln, die Sie vor vielen Jahren getroffen haben, und immer öfter an die Optionen denken, gegen die Sie sich damals entschieden haben,

→ … Sie sich bei Tagträumen »erwischen«, die völlig untypisch für Sie sind und die ziemlich genau das Gegenteil von dem darstellen, was aktuell Ihr Privat- oder Berufsleben ausmacht,

→ … Sie das Gefühl haben, Sie hätten in Ihrem bisherigen Leben etwas versäumt, das Sie nun nachholen müssten.

Bei der folgenden wahren Geschichte (siehe Seite 20) können Sie mehrere solcher Anzeichen erkennen, die das dringende Bedürfnis nach Veränderung zum Ausdruck bringen.

Er: »Irgendwas ist anders.«
Sie: »Gut oder schlecht?«
Er: »Alles, was anders ist, ist gut.«

AUS DEM FILM »UND TÄGLICH GRÜSST DAS MURMELTIER« (1993)

FALLGESCHICHTE
Bleibt das jetzt immer so?

Britta, eine 45-jährige Bibliotheksassistentin, kehrte nach der Familien-phase auf eine Vollzeitstelle in die kommunale Bücherei zurück, in der sie Jahre zuvor immer sehr gern gearbeitet hatte. Zwar hatte sich ihr Beruf durch die Umstellung auf EDV verändert, und Britta saß nun viel mehr am PC als erwartet. Dafür entwickelte sie ein verstärktes Interesse am weiteren Aufbau des Medienbestandes. Doch über Neuanschaffungen und die Ausrichtung der Bücherei im Hinblick auf mögliche neue Nutzergruppen entschied nicht sie, sondern die Chefin. So fühlte sich Britta bald unausgelastet. »Bleibt das jetzt für immer so?« Die Frage stieg erstmals in ihr auf, als sie gerade 1000 Flyer für ein Sommer-leseprogramm kopierte, dessen Konzept sie nicht einmal überzeugte. In den folgenden Monaten meldeten sich immer öfter Zweifel an ihrer beruflichen Situation, und die Bibliotheksräume erschienen Britta zunehmend unangenehm voll und eng. Gern nutzte sie jede Möglichkeit, mit Botenaufträgen das Haus zu verlassen. »Vielleicht hätte ich doch Buchhändlerin werden sollen«, dachte sie und versuchte, sich zu erinnern, warum die Wahl damals auf das Bibliothekswesen gefallen war und nicht auf den Einzelhandel. Immer öfter träumte sie von ihrer eigenen kleinen Buchhandlung, deren Angebot sie ganz allein bestimmen könnte – wohl wissend, dass diese romantischen Vorstellungen nicht mit der Wirklichkeit des Buchmarktes zusammenpassten. Oder sollte sie doch noch ein Fernstudium Germanistik beginnen? Aber mit welchem Ziel? Mitten in diese Überlegungen platzte ein unerwartetes Angebot der Chefin: ob Britta nicht vielleicht eine Leseförderaktion konzipieren und eigenverantwortlich betreuen wolle, inklusive Kontakt zu den örtlichen Schulen und Öffentlichkeitsarbeit. Britta sagte erfreut zu, und die innere Frage, ob nun alles so bleiben würde, verstummte.

Wer weiß, vielleicht schweigt Brittas Zweifel nicht für immer. Doch vorerst hat sie Glück gehabt, weil die Chefin ihr Potenzial erkannte und für die Bücherei nutzen wollte. Das Beispiel macht vor allem eines deutlich: Für eine Weile kann etwas passen, aber dann wächst man darüber hinaus wie aus zu klein gewordenen Schuhen. Und wie Schuhe drücken, wenn sie nicht mehr passen, können auch Räume bedrücken, wenn man sich mit dem, was man darin tut, nicht mehr wohlfühlt. Solche Empfindungen, aber auch Tagträume sollte man daher nicht wegschieben, wenn sie sich regelmäßig zeigen. Aber wie bei den nächtlichen Träumen gilt auch hier: Sie bilden die Wirklichkeit nicht eins zu eins ab und enthalten nicht einfach nur Handlungsanweisungen, die es zu befolgen gilt, um wieder zufriedener zu werden. Sie sind zuallererst einmal Signale dafür, dass etwas nicht mehr stimmt. Was aber genau anders werden soll, das gilt es erst noch herauszufinden.

DEN STANDORT BESTIMMEN

Vielleicht erkennen Sie Ihre derzeitige Situation in den vorangegangenen Schilderungen ein wenig wieder. Sei es, weil ein Ereignis eingetroffen ist, das eine grundlegende Veränderung in Ihr Leben gebracht hat, sei es, weil Sie einfach das Gefühl haben, ein Aufbruch stehe an. Im zweiten Fall können Sie sich jetzt einmal fragen, in welchem Ihrer Lebensbereiche Sie die nahende Veränderung spüren. Meist muss oder will sich ja nicht das komplette Leben ändern. Um herauszufinden, in welchem Bereich sich für Sie gerade etwas wandeln will, können Sie die folgende Übung nutzen. Vor allem wenn die Anzeichen der Veränderung noch sehr undeutlich sind, lohnt es sich, das »innere Haus« zu durchwandern, um Ihren momentanen Standort im Leben auf Stimmigkeit hin abzuklopfen. Dabei geht es nur um das Wahrnehmen dessen, was im Moment ist. Nur? Nein! Gründlich und ohne Wertung wahrzunehmen, das ist schon ziemlich viel. Sie legen auf diese Weise eine gute Basis für den weiteren Prozess.

ÜBUNG

Das innere Haus

Die Schweizer Psychologin Verena Kast spricht von sieben Räumen, in denen wir erfahren, wer wir sind – in denen wir Identität erleben: Körper, Sexualität, Beziehungen, Arbeit und Leistung, Werte, Fantasien, Kreativität.

- Nehmen Sie das Wort »Identitätsraum« ganz wörtlich und stellen Sie sich ein Haus vor, das Ihre Persönlichkeit darstellt. Die einzelnen Räume dieses Hauses stehen für die oben genannten Bereiche.

- Durchwandern Sie gedanklich Ihr inneres Haus und schauen Sie, wie es eingerichtet ist. Beschreiben Sie Ihr Haus, seine sieben Räume und die Ausstattung in Worten oder zeichnen Sie es. Konzentrieren Sie sich dabei auf Ihr Haus – und nicht auf eine besonders gelungene Ausführung.

- Stellen Sie nun in der Realität für jeden Raum einen Stuhl auf. Falls zu wenig Stühle vorhanden sind, markieren Sie auf dem Fußboden sieben Plätze durch Tücher. Setzen Sie sich nacheinander auf die Stühle oder markierten Plätze. Schließen Sie jeweils die Augen, versetzen Sie sich innerlich in den betreffen-den Raum und fragen Sie sich: Wirkt der Raum stimmig auf mich? Fühle ich mich wohl darin, und passt die Ausstattung? Oder sollte etwas anders werden? Kann ich schon erkennen, was?

- Gehen Sie so in Ihrer Fantasie durch alle Räume. Kehren Sie gegebenenfalls noch einmal zu den Räumen zurück, bei denen Sie nicht sicher sind, wie sie auf Sie gewirkt haben.

- Wenn es einen Raum gibt, der aufgrund eines umstürzenden Ereignisses für Sie nur schwer begehbar ist, so zwingen Sie sich nicht. Sie können ihn später aufsuchen.

- Wichtig: Räumen Sie Stühle oder Tücher schließlich wieder weg.

DIE REISE
ALS ABENTEUER

An Wendepunkten verlassen oder verlieren wir das Vertraute. Das lässt
unser Bedürfnis nach Schutz und Sicherheit wachsen. Auch dann,
wenn der Aufbruch ganz freiwillig und aus vollem Herzen geschieht,
gibt es sie ja, die Momente, in denen wir denken: War es richtig? War es
das wert? Wir lassen uns den Wind der Freiheit um die Nase wehen
und spüren die Neugier auf das, was hinter der nächsten Wegbiegung
liegen könnte. Aber daneben existiert doch auch dieses andere Gefühl,
dieser Wunsch nach Geborgenheit und Sicherheit, nach dem Vertrauten. Das ist das Prinzip von Abenteuern, das für Reisen in fremde
Länder ebenso gilt wie für Reisen ins eigene Ich. Wer loszieht – unabhängig davon, ob er das freiwillig tut oder nicht –, wird also für eine
Weile im Modus des Wechsels und damit im Ungewissen leben. Dessen
sollten wir uns bewusst sein, wenn wir vor dem Aufbruch stehen.

UNGEWISSHEIT AUSHALTEN

Es lohnt sich hier, das Spannungsverhältnis von Dauer und Wechsel
einmal genauer zu betrachten. Warum Spannung? Nun – im Prinzip
geht nur das eine oder das andere zur selben Zeit. Trotzdem sind wir
keine Dauer- oder Wechselmenschen in Reinkultur, sondern Mischun-
gen. Wie sehr jemand in seinem Leben auf Beständigkeit und damit
Sicherheit angewiesen ist, wie viel Abwechslung er braucht und wie viel
Ungewissheit er verträgt, das ist, grob gesagt, eine Typfrage. Man geht
heute davon aus, dass die jeweilige Neigung zur Hälfte, vielleicht sogar
zu zwei Dritteln angeboren ist. In welche Richtung schlägt also das
Pendel bei Ihnen aus? Die folgende Übung hilft Ihnen, sich selbst im
Hinblick auf Wechsel und Dauer besser einzuschätzen.

ÜBUNG

Lust auf Abenteuer?

Um herauszufinden, wie sehr Sie die Beständigkeit lieben und wie sehr die Abwechslung, betrachten Sie einmal die bedeutsamen Entscheidungen in Ihrem bisherigen Leben daraufhin, wie Sie beides gewichtet haben:

- War die jeweilige Entscheidung davon motiviert, dass Sie vom Gewohnten ermüdet waren und Neues tun oder erleben wollten?
- Oder hatten Sie zum jeweiligen Zeitpunkt einfach noch nicht das Richtige gefunden und haben sich deshalb aus dem Gewohnten hinausbegeben?
- Gab es auch Entscheidungen gegen Neues, weil Sie im konkreten Fall zu viel Vertrautes hätten aufgeben müssen?

Wenn Sie die erste Frage oft mit Ja, die letzte oft mit Nein beantworten, tendieren Sie mehr zur Abwechslung, umgekehrt eher zur Beständigkeit. Wenn Sie meistens die mittlere Frage bejahen, verhält es sich ausgeglichen.

Zusätzlich können Sie den folgenden Fragen Punkte von 1 bis 5 zuordnen. Je höher die Gesamtpunktzahl, desto wichtiger ist Beständigkeit für Sie, je niedriger, umso mehr schätzen Sie Abwechslung: Wie wichtig ist es mir zu wissen, was nächste/n Woche/Monat sein wird? Wie detailliert plane ich Unternehmungen? Wie sparsam bin ich? Wie wichtig sind mir feste Regeln?

Die Psychologen Fritz Riemann und Christoph Thomann haben sich intensiv mit der Spannung zwischen Dauer und Wechsel beschäftigt. Sie betonen, dass keine dieser beiden Tendenzen besser oder schlechter ist als die andere. Jede hat ihre Stärken und Schwächen. Wenn Sie mehr zur Beständigkeit neigen, dann sind Sie vermutlich ein sehr treuer, verlässlicher Mensch, der seine Ziele hat und verfolgt. Wird diese Neigung allerdings zu extrem, dann könnte sie in Pedanterie und Zwanghaftigkeit umschlagen. Wenn Sie eher die Abwechslung lieben, dann sind Sie vermutlich sehr offen, und wo Sie sind, wird es nie langweilig. Die Kehrseite der Medaille könnte hier sein, dass Sie andere Menschen zu wenig im Blick haben und manchmal auch ein wenig chaotisch wirken. Warum ist das in Bezug auf die inneren Pilgerreisen wichtig? Wenn wir vor einem Aufbruch stehen, hilft es zu wissen, wo die eigenen Bedürfnisse und Prioritäten liegen. Damit vermeiden wir, uns zu überfordern und mit unrealistischen Erwartungen zu plagen. Denn so wie auf dem realen Jakobsweg (siehe Seite 13) ist auch auf einer inneren Pilgerreise jeder auf seine eigene Weise und im eigenen Tempo unterwegs. Der eine bricht eher leichten Herzens auf, weil er die Abwechslung liebt. Unterwegs mag er aber in manch brenzlige Situation geraten und leichter vom Weg abkommen. Der andere reißt sich schwerer los. Er wird dafür auch unterwegs auf Sicherheit achten, sich kaum verzetteln und die Etappenziele planmäßig erreichen.

WOHIN SOLL IHR WEG FÜHREN?

Nicht nur in Bezug auf den Weg, sondern auch auf das Ziel stellen Reisen – reale wie mentale – ein Abenteuer dar. Natürlich wäre es schön zu wissen, wohin die Reise gehen soll. Aber das ist nicht immer möglich. Schließlich führen innere Pilgerreisen nicht in eine konkrete Stadt wie Santiago de Compostela (siehe Seite 13). Manchmal verbringt man einen guten Teil des Weges damit zu klären, was das Ziel sein soll. Das gilt besonders für diejenigen Aufbrüche, die sich leise ankündigen. Doch auch bei den großen Wendepunkten im Leben geschieht es oft, dass wir zwar herausgerissen werden aus dem Alten, aber nicht unbedingt wissen, wohin der Weg führen wird. Trotzdem sollten Sie das Thema »Ziel« nicht ganz ausblenden und sich schon vor der Reise damit beschäftigen. Die folgende Übung zeigt, wie das aussehen kann.

ÜBUNG
Beschreiben Sie Ihr Ziel!

Können Sie in Worte fassen, was am Ende des vor Ihnen liegenden Weges auf Sie warten soll? Ein bestimmter Zustand oder eine Erkenntnis? Schreiben Sie auf jeden Fall etwas hierzu auf und schauen Sie sich das Notierte im Verlauf der Lektüre immer wieder einmal an. Vielleicht möchten Sie es später ergänzen oder noch einmal verändern, vielleicht bestätigt es sich auch jedes Mal wieder. Am Schluss des Buches werden wir noch einmal Bezug darauf nehmen, deshalb sollten Sie diesen Schritt jetzt nicht auslassen, auch wenn sich Ihnen im Moment überhaupt kein deutliches Ziel zeigt, sondern stattdessen nur eine Frage auftaucht, die beantwortet werden will.

Der Endpunkt einer inneren Pilgerreise ist also nicht unbedingt klar sichtbar. Und der Weg dorthin verläuft meist nicht geradlinig. Um- und Irrwege gehören dazu. Der TV-Entertainer Hape Kerkeling verließ auf seiner berühmt gewordenen Jakobsweg-Reise einmal die vorgezeichnete Route, verlor die Orientierung und beschloss umzudrehen. Da entdeckte er in der Einöde einen kleinen Dackelmischling, den jemand an einem verrosteten Schild angebunden hatte. Kerkeling erkannte: Niemand anderer als er sollte der Retter dieses Hundes sein. Diese Geschichte ist ein wunderbares Beispiel dafür, wie segensreich Um- und Irrwege sein können – ganz egal, ob wir sie bewusst oder unwissentlich einschlagen. Denn im Nachhinein erweisen sie sich womöglich als richtige Route oder wichtiger Abstecher. Und sollte es nicht so kommen – psychologische Studien haben ergeben, dass begangene Fehler weniger belastend sind als verpasste Chancen!

DEN RUCKSACK
RICHTIG PACKEN

Wer auf eine echte Pilgerreise geht, wird nicht ohne einen Reiseführer losziehen, in dem mögliche Herbergen verzeichnet sind. Denn ohne Herbergen am Wegrand, die etwas zu essen und Platz zum Ausruhen und Übernachten bieten, ist das Pilgern unmöglich – schließlich brauchen wir Verschnaufpausen und müssen immer wieder Kraft tanken, bevor es weitergeht. Im übertragenen Sinn gilt all das auch für innere Pilgerreisen.

EIN HERBERGSFÜHRER

Wie aber finden wir die symbolischen Unterkünfte eines inneren Weges, und was kennzeichnet sie? Was kann die Aufgaben einer Herberge – Schutz bieten, Pausen ermöglichen, Versorgung mit Nahrung und damit mit neuer Energie – übernehmen? Zum einen können das reale Orte sein, die wir nun, in einer Zeit der Veränderung und der Ungewissheit, aufsuchen können, weil wir uns dort sicher und geborgen fühlen, so wie Matthias in der Geschichte auf der folgenden Seite. Aber nicht nur bestimmte Orte können uns Schutz und Geborgenheit bieten, wenn wir uns auf einer – realen oder inneren – Pilgerreise ein wenig unsicher fühlen. Herbergen im übertragenen Sinn können auch Menschen sein, deren Nähe uns guttut oder denen wir uns anvertrauen. Und ebenso sind es bestimmte Tätigkeiten, aus denen wir Stärke für unsere (Weiter-)Reise ziehen. Wenn das Leben in Unruhe gerät, wenn Aufbrüche anstehen, dann ist es also gut, sich folgende Fragen zu beantworten:

→ An welchen Orten finde ich Ruhe und Kraft? Wo fühle ich mich wohl, ohne etwas dafür leisten zu müssen? Sind Orte oder Plätze dabei, die

ich leicht und ohne großen Aufwand erreichen kann? Etwa eine
Waldlichtung ganz in der Nähe, ein Museum oder ein kleines Café
oder vielleicht auch schlicht und einfach mein eigenes Bett?

→ Welche Menschen haben für mich die Bedeutung einer Herberge?
Zu wem kann ich bedingungslos kommen? Wer kennt mich lange
und gut, zu wem habe ich Vertrauen?

→ Was tut mir körperlich und seelisch gut? Wovon brauche ich gerade
in Umbruchzeiten genug, um gut durch sie hindurchzukommen?
Vielleicht sind es regelmäßige Saunabesuche, singen oder wandern?

→ Bei welchen Tätigkeiten kann ich mich zentrieren und erden?
Das kann zum Beispiel bei der Gartenarbeit sein oder durch regel-
mäßiges Meditieren erreicht werden.

→ Welche Bücher, Texte, Bilder oder Musikstücke geben mir Kraft?

FALLGESCHICHTE
Zwei Orte der Ruhe

*Matthias, Ende 30, dessen Vater bei der Bundeswehr war, hat seine
Kindheit an vielen verschiedenen Orten verbracht. Alle paar Jahre hieß es
wieder, Koffer und Kisten zu packen und Abschied zu nehmen von den
hier gewonnenen Freunden, um woanders neue zu finden. Nur wenige
Städte, in denen Matthias einst gelebt hat, haben heute eine Bedeutung
für ihn. Aber zwei Orte gibt es, an denen fühlt er sich daheim, sobald er
dort aus dem Auto steigt: Es ist das norddeutsche Dorf, in dem seine
Großeltern lebten, die er häufig besuchte, und es ist der Urlaubsort in den
Alpen, in den seine Familie in jedem Sommer fuhr. Denn beides hatte
seine gesamte Kindheit über Bestand. Dort hatte er Wurzeln geschlagen,
die mit jedem Besuch etwas kräftiger wurden. Noch heute zieht es ihn
dorthin, wenn er wieder einmal das Gefühl hat, er müsse Abstand von
der Hetze des Alltags bekommen und ein paar Dinge überdenken.*

Legen Sie anhand der vorhergehenden Fragen eine Liste Ihrer persönlichen Ruheorte und Kraftquellen an. Dann können Sie unterwegs einfacher darauf zurückgreifen. Sie können diese Stichwörter in Ihrem »Herbergsführer« auch durch Fotos und einen kleinen Text über die jeweilige Bedeutung veranschaulichen, das verankert sie fester in Ihrem Bewusstsein.

DAS PILGERTAGEBUCH

Für den realen Jakobsweg stellen die Pilger sehr sorgfältig ihr Gepäck zusammen: Sie müssen alles Nötige dabeihaben, aber es darf nicht zu schwer zum Tragen sein. Auch für die inneren Pilgerreisen gilt: Wer sie antritt, sollte sich nicht mit zu viel Gewicht belasten – mit Zweifeln und Befürchtungen etwa oder aber mit einem Bücherstapel, den es jetzt durchzulesen gälte. In jedem Fall sollten Sie aber ein Reisearchiv anlegen, das Sie unterwegs füllen können. Schließlich laden die Übungen in diesem Buch dazu ein, zu schreiben, zu malen oder auf andere Weise etwas zu gestalten. Auf dem realen Jakobsweg gibt es den Pilgerpass, in dem unterwegs gesammelte Stempel belegen, dass man den Weg wirklich gegangen ist. Außerdem legen viele Pilger Tagebücher an, um ihre Erlebnisse darin festzuhalten. Sie als »mentaler Pilger« können solch ein Tagebuch üppiger ausstatten – etwa als große, schön verzierte Schachtel, in der nicht nur Notizen, sondern auch andere Dinge Platz haben, die Sie unterwegs einsammeln. Dieses Pilgerarchiv und die folgenden Kapitel werden Sie nun auf Ihrem inneren Weg begleiten. Ich wünsche Ihnen eine gute Reise!

DIE REISE
BEGINNT

Wir spüren, wenn die Zeit zum Aufbruch gekommen ist.

In diesem besonderen Moment fallen Abschied

und Neuanfang zusammen, etwas bricht auf in uns

und öffnet sich vor uns. Unser erster Schritt

führt uns über die Schwelle. Während wir ihn tun,

lassen wir uns von der Kraft unserer inneren Bilder leiten

wie von einem Kompass. Sie weisen uns den Weg

in unsere eigene Zukunft.

WENN SIE AN DER
SCHWELLE STEHEN

In Häusern haben Türschwellen seit jeher eine besondere Aufgabe.
Sie dichten den Innenbereich gegen Zugluft und Kälte ab, so wirken sie
schützend. In sakralen Gebäuden dienten sie einst dazu, den heiligen
Innenbereich vom weltlichen Bereich abzugrenzen. Wer über die
Schwelle trat, musste dazu befugt sein: Er musste zur Gemeinschaft
gehören, gereinigt sein oder eine besondere Weihe besitzen.
Schwellen lassen sich aber natürlich nicht nur nach drinnen über-
schreiten, sondern auch in umgekehrter Richtung, nach draußen.
Das heißt: Wer über die Schwelle ins Freie tritt, verlässt den geschützten
Bereich. Er begibt sich dorthin, wo ihn nichts abschirmt und wo er
allem unvermittelt ausgesetzt ist. Deshalb bedeutet der Schritt über
die Schwelle hinaus ein Wagnis. Niemand setzt seinen Fuß leichtfertig
vor die Tür, und oft kommt es an der Schwelle noch einmal zu einem
Innehalten, zu einem winzigen Moment des Zögerns, des Atemholens.
Wenn Sie den Eindruck haben, an solch einer Schwelle zu stehen, so
geben Sie sich Zeit. Versuchen Sie zunächst zu klären, worum es in
der jetzigen Situation genau geht: Was ist Ihr Thema?

»Die Schwelle ist der Platz der Erwartung.«

JOHANN WOLFGANG VON GOETHE | DEUTSCHER DICHTER (1749 – 1832)

DAS THEMA KLÄREN

In der Übung auf Seite 22 haben Sie Ihr inneres Haus durchwandert und die einzelnen Räume angeschaut, die für die Bereiche Ihrer Identität stehen. Wenn Sie mögen, kehren Sie jetzt noch einmal dorthin zurück und lesen Ihre Aufzeichnungen. Vielleicht können Sie ja daran anknüpfen und noch etwas Neues dazuschreiben. Falls Sie die Übung nicht gemacht haben und gleich weitergehen wollen, dann versuchen Sie, das Thema in Worte zu fassen, um das es jetzt, an der Schwelle zum Aufbruch, geht.

Falls Sie gerade einen großen Verlust erlitten haben – durch Trennung oder Tod – und es für Sie zu schmerzlich ist, das Thema aufzuschreiben, dann notieren Sie die Gefühle, die Sie im Moment bewegen. Benutzen Sie bunte Stifte und wählen Sie für jedes Gefühl eine andere Farbe. Schreiben Sie die Wörter verschieden groß, je nachdem, wie intensiv das jeweilige Gefühl ist. Wenn Ihnen andere Dinge einfallen, so schreiben Sie sie mit Bleistift oder Kugelschreiber ebenfalls auf. So können Sie sich an Ihr Thema annähern.

Nicht immer ist übrigens das Offensichtlichste das Thema, um das es wirklich geht. Angenommen, Sie geraten häufig in Streit mit Kollegen. Dann dreht es sich vielleicht gar nicht um die Arbeit, sondern es besteht zu Hause ein Beziehungskonflikt, der nicht offen ausgetragen wird und deshalb ein Ventil braucht. Zwar steckt nicht hinter jedem vordergründigen Thema zwangsläufig ein verborgenes. Doch lohnt es sich stets zu fragen: Wo liegt das Problem wirklich?

HELDENFAHRTEN UND PILGERREISEN

Filme oder Romane werden meist nach folgendem Ablauf erzählt: Der Held wird in seinem Alltag gezeigt. Doch dann geschieht etwas, das ihn aus dem Gewohnten herausreißen will. Er versucht die Zeichen zu ignorieren, bis das nicht mehr geht. Dann tritt er über die Schwelle. Diese Struktur findet sich unabhängig vom Thema der Geschichte.

Der Schritt über die Schwelle mitsamt dessen, was ihm vorausgeht und was ihm folgt, ist ein wichtiger Bestandteil vieler guter Geschichten. Das hat der US-amerikanische Mythenforscher Joseph Campbell herausgefunden. »Der Heros in tausend Gestalten« – unter diesem Titel hat Campbell Mythen und Märchen auf der ganzen Welt verglichen und die Grundstruktur herausgearbeitet, die in ihnen verborgen liegt: Immer geht es darum, dass der Held (es kann auch eine Heldin sein), also die Hauptfigur, die gewohnte Umgebung verlässt und nach dem Schritt über die Schwelle in der Fremde Abenteuer besteht, die ihn verändern. Wenn er dann wieder heimkehrt, ist er ein anderer als zuvor. Er hat sich unter Schmerzen und Gefahren weiterentwickelt, und das war notwendig, damit er weiterleben kann.

In solchen Heldenfahrten spiegelt sich das Wissen wider, dass der Mensch im Lauf seines Lebens immer wieder Schwellen überschreiten muss, um den Entwicklungsschritt zu vollziehen, der jeweils ansteht. Das kann die Schwelle zum Erwachsenwerden sein oder aber die vom Arbeitsleben zum Ruhestand. Die Heldenreise ist deshalb das Urmodell auch der Pilgerreise. Denn das Pilgern erfolgt ebenfalls auf einen Ruf hin, der von außen oder aus der Tiefe des eigenen Herzens kommt. Auch diese Fahrt ist anstrengend und war einst sogar gefährlich. Und auch der Pilger kehrt als ein anderer Mensch wieder heim – mit neuen Erfahrungen, die ihn haben wachsen und reifen lassen.

HELFER AN DER SCHWELLE

Unabhängig davon, ob es schöne oder schwierige Ereignisse sind, die Sie an die Schwelle geführt haben: Wenn Sie das Gefühl haben, für den ersten Schritt etwas Unterstützung zu brauchen, dann halten Sie doch jetzt Ausschau nach jemandem, der Sie beim Schritt über die Schwelle unterstützen könnte.

Auch nach Campbell ist der Mensch bei seinem Aufbruch in die jeweils neue Lebensphase nicht allein. Sobald er sich entscheidet loszugehen, begegnet er Unterstützern, die ihn auf seinem Schritt über die Schwelle

Der hilfreiche Bruder

Ein junger Mann namens Mose hütete wie stets die Schafe und Ziegen seines Schwiegervaters, als er in der Ferne einen Dornbusch brennen sah. Er lief hin und erkannte verblüfft: Der Busch brannte, ohne sich dabei zu verzehren. Und dann sprach aus dem Busch Jahwe zu ihm, der Gott der Israeliten, zu denen auch Mose gehörte. Jahwe stellte den jungen Hirten vor eine große Aufgabe: »Führe mein Volk aus der Sklaverei Ägyptens heraus in das Land, in dem Milch und Honig fließen!« Doch Mose zweifelte, ob er für diese Aufgabe der Richtige wäre: »Ich kann nicht überzeugend reden. Schick doch lieber einen anderen!«, wollte er sich herausreden. Da wurde Jahwe ungeduldig und sagte: »Hast du nicht einen Bruder, Aaron? Er wird für dich sprechen. Ich aber werde euch die Worte geben, die ihr dem Volk sagen sollt.« Und so geschah es. Als das Volk Israel aus Ägypten auszog, war Aaron an Moses Seite. Er blieb es auch, als das Volk den langen, beschwerlichen Weg durch die Wüste zurücklegte. Und Gott selbst ging vor dem Volk her, am Tag als Wolkensäule und in der Nacht als Säule aus Feuer.

begleiten. In Märchen und Mythen sind dies oft Zwerge oder Zauberer beziehungsweise die Götter selbst, im Christentum Maria oder der Heilige Geist, die als übernatürliche Helfer fungieren. Auch eine lang vertraute Person kann plötzlich unerwartete Helferqualität bekommen. Im Alten Testament zum Beispiel findet Mose bei seiner schweren Aufgabe, das Volk Israel aus der ägyptischen Knechtschaft hinauszuführen, einen gottgesandten Helfer in seinem Bruder Aaron.

ÜBUNG

Nur keine Schwellenangst

Diese Übung hilft Ihnen, Ihre Situation genauer zu betrachten, bevor Sie dann schließlich den ersten Schritt wagen. Stellen Sie sich vor, Sie stehen tatsächlich an einer Schwelle – freiwillig oder durch die Umstände dazu gezwungen –, und beantworten Sie sich folgende Fragen:

- Welche Bereiche trennt die Schwelle? Zum Beispiel das Leben mit einem Partner vom Leben erst einmal ohne Partner.
- Welche Bereiche davon liegen in meinem Rücken? Das heißt, welche müssen sich verändern oder welche muss ich verlassen?
- Wie viel Kraft werde ich brauchen, um den Schritt zu tun? Sich von einem Ehrenamt zu verabschieden, kostet zum Beispiel weniger Kraft, als es eine grundlegende berufliche Veränderung tut.
- Was kann ich jenseits der Schwelle sehen? Kann ich dort überhaupt schon etwas wahrnehmen?
- Was fühle ich jetzt tief in mir? Vorfreude? Ungeduld? Besorgnis? Trauer?
- Gibt es jemanden, der für mich ein Helfer über die Schwelle sein könnte? Dem ich von mir erzählen und der mich begleiten kann?
- Schreiben Sie die Antworten für Ihr Pilgerarchiv (siehe Seite 29) auf.

DEN ERSTEN SCHRITT TUN

Der erste Schritt ist ein ganz besonderer und anders als alle, die ihm folgen werden: Sind wir erst einmal in Bewegung, dann entsteht eine Eigendynamik, ein Schwung, der uns weiterträgt. Dieser Schwung fehlt dem ersten Schritt, denn er hat keinen Vorgänger. Das bedeutet, er muss mit umso größerer Entschlossenheit unternommen werden. Doch woher kommt diese Entschlossenheit? Sie entsteht durch das Wissen, dass es jetzt so weit ist. Dass die Ereignisse oder Zustände es fordern loszugehen – jetzt, nicht morgen, übermorgen oder nächste Woche. Manchmal werden wir zum Aufbruch gezwungen. Hape Kerkeling zum Beispiel brauchte einen Hörsturz und eine Gallen-OP, um zu erkennen, dass er so nicht mehr weitermachen durfte. Um die Dinge für sich zu klären, entschied er sich für den Jakobsweg. Sein Beispiel zeigt: Auch wenn wir gezwungen werden loszugehen, übernehmen wir doch irgendwann selbst die Initiative. Den inneren Pilgerweg betreten wir niemals als Getriebene, sondern immer in bewusstem Entschluss. Fehlen solche dramatischen Auslöser wie bei Kerkeling, so fällt der erste Schritt nicht unbedingt leichter. Im ersten Kapitel haben wir uns mit den leisen, den unauffälligen Zeichen beschäftigt, die den Aufbruch ankündigen. Oft versuchen wir, sie zu ignorieren, weil wir spüren, dass etwas in Unruhe gerät, dass es anstrengend wird. Doch die Zeichen werden immer wieder auftreten, bis wir erkennen: Nun müssen wir uns der Veränderung stellen. Nun stehen wir an der Schwelle.

BEHERZT LOSGEHEN

Was immer uns auf eine innere Pilgerreise schickt, für den ersten Schritt brauchen wir – mehr oder weniger – Mut, müssen wir uns ein Herz fassen. Das Herz ist nach alter Lehre nicht nur der Sitz der Liebe. Auch den Mut sah man einst im Herzen verankert. Das französische Wort für Mut, »courage«, trägt noch das Herz (»coeur«) in sich. Für die Verbindung von Herz und Mut gibt es eine körperliche Grundlage. Sie verläuft kurioserweise über die Angst. Die Angst ist überlebensnotwendig, ohne sie könnten wir Gefahren nicht richtig einschätzen. Damit die Angst wirken kann, müssen wir sie aber auch spüren, zum Beispiel durch Herzklopfen. Und deshalb ist der Mut, das Gegenstück der Angst, sinnbildlich eben auch im Herzen angesiedelt. Vielleicht haben Sie Ihren Mut schon körperlich gespürt: als Wärme und innere Festigkeit zum Beispiel. Mutig zu sein, das bedeutet inhaltlich für jeden etwas anderes. Immer aber sind es die ungewohnten Dinge, die uns Mut abverlangen. Ihren Mut-Muskel können Sie daher beweglich und bei Kräften halten, wenn Sie auch im Alltag immer wieder etwas Ungewohntes tun – zum Beispiel fremde Menschen ansprechen oder eine neue Aufgabe übernehmen. Durch die folgende Übung können Sie Ihr Verhältnis zum Thema Mut vertiefen.

ÜBUNG
Ihr Mut-Cluster

Von der US-amerikanischen Schreibtrainerin Gabriele L. Rico stammt die Cluster-Methode, die mit der assoziativen Verknüpfung von Ideen und Vorstellungen arbeitet.

- Schreiben Sie auf ein großes Blatt Papier das Kernwort »Mut« in die Mitte und kreisen Sie es ein.

- Nun schreiben Sie ringsherum Wörter und Wendungen, die Ihnen dazu einfallen, kreisen sie ein und ziehen jeweils einen Strich zum Kernwort.

- Sicher werden diese ersten Einfälle weitere auslösen – die notieren Sie ebenfalls, kreisen sie ein und verbinden sie mit den Auslösern.

- Wenn Sie Querverbindungen zwischen einzelnen Einfällen entdecken, so ziehen Sie auch dort Striche.

- Am Schluss haben Sie eine Traube (englisch »Cluster«) an Einfällen. Schauen Sie, welche davon am meisten auf Sie wirken. Haben diese einen besonderen Bezug zu Ihrer gegenwärtigen Aufbruchssituation?

AUFBRECHEN –
WAS HEISST DAS EIGENTLICH?

Wir können nicht über den Aufbruch nachdenken, ohne den Begriff
wörtlich zu nehmen. Wenn Ihnen die Cluster-Übung gefallen hat, so
können Sie sich nun auch dem Wort »Aufbruch« auf dieselbe Weise
nähern. Oder Sie lassen sich dazu von den nachfolgenden Gedanken
anregen. Im Wort »Aufbruch« stecken nämlich zwei Bedeutungsfelder:
das Öffnen und das Brechen, der Bruch. Beide spiegeln ziemlich gut
wider, worum es beim Aufbrechen geht, deshalb sollen sie jetzt näher
betrachtet werden.

ÖFFNUNG UND BRUCH

Um loszugehen, braucht es eine Öffnung, die den Weg nach draußen
freigibt. Beim Aufbruch wird also ein bis dahin geschlossener Bereich
geöffnet. Wenn wir aufbrechen, so überschreiten wir die Grenzen
unserer bisherigen persönlichen Welt und erweitern unseren Radius.
Das Bild der offenen Tür, durch die wir gehen, dürfen wir dabei ruhig
wörtlich nehmen.

Und Offenheit spielt auch noch auf eine zweite Weise eine Rolle
beim Aufbrechen: Wir selbst müssen offen sein oder werden, wenn
wir losgehen. Wir müssen bereit sein, neue Erfahrungen zu machen.
Beim Schritt über die Schwelle verzichten wir auf den Schutz des
geschlossenen Raumes hinter der Schwelle und öffnen uns für das,
was vor uns, jenseits der Schwelle, auf uns wartet.

Das zweite Bedeutungsfeld, das im Wort »Aufbruch« angesprochen
ist, betrifft den Bruch. Wenn etwas aufbricht, so wird sichtbar, was
darunterliegt. Denken Sie an frisches Brot: Wenn man es bricht, so
öffnet sich die Kruste, und das weiche Innere kommt zum Vorschein.

So ist es auch mit dem Aufbrechen im Sinne des Losgehens. Auch hierbei kann eine Tiefenschicht sichtbar werden, die vorher verborgen war. Vielleicht ist das sogar der Grund, warum wir losgehen: Weil wir ahnen, dass etwas unter dieser Kruste liegt, die mit den Jahren immer dicker geworden ist, und weil wir uns wünschen, dass es zum Vorschein kommt. Dann werden wir den Aufbruch als sehr befreiend empfinden. Und doch dürfen wir uns nicht darüber hinwegtäuschen, dass das Aufbrechen der Kruste auch schmerzhaft sein kann – für uns und für andere. In der Natur muss das Samenkorn aufbrechen und somit sterben, damit die neue Pflanze daraus wachsen kann. Die Knospe muss aufbrechen, damit die Blüte sich entfalten kann. Die Panzerung der Puppe muss gesprengt werden, damit der Schmetterling schlüpfen kann – ein Häutungsprozess. Das folgende Gedicht, das ich vor einigen Jahren zum Thema Aufbruch geschrieben habe, soll Ihnen die vielfältige Bedeutung des Begriffs noch einmal auf andere Art näherbringen:

Der Aufbruch, welch ein Versprechen:
Etwas wird anders, etwas wird neu.
Aufbruch. Aufbrechen. Auf. Brechen.
Auf, mach dich auf.
Etwas bricht. Etwas öffnet sich.
Das ist der Beginn.
Wenn du ihn spürst,
hat er schon stattgefunden.

ABSCHIED NEHMEN

Wer über eine Schwelle schreitet oder wer sich häutet, der muss Abschied nehmen. Der Aufbruch, ob er gewollt war oder nicht, ist immer auch mit einer Trennung verbunden. Gerade das macht ihn schwierig. Wir müssen uns also verabschieden – wovon? Es kann ein Abschied von Menschen sein oder aber von einer lieben Gewohnheit; von einer Fähigkeit – etwa Schlittschuhlaufen, weil die Gelenke

schmerzen; einer Position – weil sie zu anstrengend geworden ist oder eine neue, interessantere lockt; einem Ort – weil es der Job erfordert oder eine Liebe uns anderswohin zieht; einem Gegenstand – weil er kaputtgegangen ist oder wir ihn nun nicht mehr brauchen können …
Bei ungewollten Abschieden ist das noch mal schwerer: Jemand verlässt uns, beruflich oder privat, und wir müssen den Weg nun anders weitergehen. Jemand stirbt, das ist ebenfalls ein Signal zum Weiterziehen, ein besonders schmerzliches.
Aber auch bei erwünschten Aufbrüchen und sogar bei solchen, bei denen schon das Ziel einigermaßen klar vor Augen steht, müssen Abschiede bewältigt werden. Wer sich entscheidet, woandershin zu gehen, lässt immer etwas zurück, an dem er hängt. Es ist wie ein Preis, der gezahlt werden muss.

NACH INNEN GEHEN …

Jeder bedeutende Abschied hat eine Wirkung auf uns: Er wirft uns etwas mehr auf uns selbst zurück. Plötzlich fehlt etwas, das uns bisher umgeben oder begleitet hat – die alten Büroräume, weil die Firma umgezogen ist; die Kinder, die nun aus dem Haus sind; der schöne ererbte Schrank, der in der neuen Wohnung keinen Platz mehr hat. Je vertrauter das nun Fehlende war, desto bloßer werden wir uns an der Stelle fühlen, wo es mit uns verbunden war. Es ist wie mit einem Stück unserer Kleidung, das wir abgestreift haben oder das uns abgestreift wurde: Nun ist diese Stelle erst einmal unbedeckt. Was zugleich bedeutet: Wir sind an dieser Stelle sensibler.
Solche Erfahrungen lassen sich auch im Alltag machen. Wenn Sie intensiv Zeit mit jemandem verbracht haben, zum Beispiel mit einem Besuch, und wenn derjenige dann abgereist ist, so werden Sie sich im ersten Moment auch ein wenig anders fühlen als eben noch: Ihre Gedanken werden nun im Kopf viel lauter sein, es fehlt die Ablenkung von außen. Nach einem Abschied sind wir für eine Weile ein bisschen mehr mit uns selbst konfrontiert. Wir gehen mehr nach innen.

... UND SENSIBLER WERDEN

Aber stimmt das wirklich? Ein Aufbruch, ein Neustart, bringt doch Aufregung und Ablenkung! Um wieder den realen Jakobsweg als Beispiel zu nehmen: Wer ihn betritt, wird jede Menge anderer Pilger treffen und viel Neues erleben. Wie passt das zum Nach-innen-Gehen? Der Widerspruch besteht nur scheinbar. Denn das Neue ist eben – das Neue! Es ist uns noch nicht vertraut. Es reicht noch nicht so tief in unser Inneres, wie es die alten Dinge taten, die uns schon lange begleitet haben und die wir im Moment des Aufbruchs zurückgelassen haben. Und deshalb sind wir im Moment der Trennung ein wenig dünnhäutiger, ein wenig bloßer als vorher. Das ist ja auch kein Nachteil. Wir sollten es nur wissen. Wir sollten damit rechnen und auf uns aufpassen. Und wir können die Situation dafür nutzen, uns selbst noch besser kennenzulernen.

Kraft schöpfen und Anlauf nehmen

Die erhöhte Sensibilität kann dazu führen, dass wir innerlich für kurze Zeit eine Entwicklungsstufe zurückgehen. Wir suchen dann das Alte, weil wir es kennen und weil es uns Sicherheit gibt. So wie mancher Erstklässler zum Beginn des ersten Schuljahres plötzlich wieder spricht und spielt wie ein Kindergartenkind. Dieses »Regredieren« kann auch bei uns Erwachsenen auftreten: Angesichts der neuen Situation fühlen wir uns dann klein und schwach. Das ist kein Grund zur Beunruhigung. In solchen kurzen Phasen sammeln wir Kräfte, die wir für das Neue brauchen, als ob wir ein Stück zurückgehen und Anlauf nehmen für den großen Sprung. Vielleicht begegnen Sie nun ja dem Kind, das Sie einmal waren. Nehmen Sie sich die Zeit, es zu beruhigen und ihm zu versichern, dass Sie als Erwachsener über alle Fähigkeiten verfügen, die Sie in dieser Situation des Aufbruchs benötigen.

FOLGEN SIE
IHREM LEITSTERN

Und so nehmen wir Abschied und treten über die Schwelle. Wir tun es mit Mut im Herzen, mit helfenden Begleitern neben uns und innerlich mit dem Kind, das wir einst waren, an unserer Hand. Wir spüren das Gewicht des Rucksacks und atmen tief durch bei diesem ersten Schritt. Wir wissen, was hinter uns liegt, aber jetzt haben wir unseren Blick in die Zukunft gerichtet. Dorthin, wo wir das Ziel erahnen. Wir wissen vielleicht nicht, wie es aussehen wird. Aber wir wissen, dass es dort liegt. Es ist wie ein Leitstern, der uns leuchtet und die Richtung weist.

DER JAKOBSWEG ALS STERNENWEG

Eine Legende besagt, dass der Einsiedler Pelagius im 9. Jahrhundert das Grab des heiligen Jakobus fand, weil er durch Sternschnuppen und andere Himmelslichter dorthin geführt worden war. Im Mittelalter glaubte man außerdem, das Paradies liege hinter dem Ende der Welt, das man am Kap Finisterre (»finis terrae« – »Ende der Welt«) an der Atlantikküste unweit von Santiago de Compostela vermutete. In der Milchstraße sah man den leuchtenden Wegweiser für die Seelen, die zum Paradies unterwegs waren. Und der Jakobsweg galt als irdische Abbildung dieses himmlischen Weges. Der Camino Francés (siehe Seite 13) wird deshalb auch Sternenweg genannt. Und »Compostela« kann als »Sternenfeld« (»campus stellae«) übersetzt werden.

Die Frage lautet jetzt: In welchem Sinn können wir heute Leitsternen folgen? Was ist so leuchtend, dass es uns für unser eigenes Leben den Weg weist, und was bleibt gleichzeitig so unerreichbar fern, dass wir uns auch wirklich nicht mit der Illusion überfordern, es haargenau so verwirklichen zu können?

VISIONEN WEISEN UNS DEN WEG

Im ersten Kapitel war von den Zielen die Rede und davon, dass wir beim Aufbruch zu einem inneren Pilgerweg gar nicht unbedingt wissen, wo genau dieses Ziel liegen und wie es aussehen könnte – anders als die Stadt Santiago de Compostela auf dem realen Jakobsweg. Jetzt tritt ein zweites Wort hinzu: die Vision. Wie die Sterne bei Nacht, so ist auch die Vision ein optisch wirkendes Phänomen – nur mit dem Unterschied, dass sie vor dem inneren Auge steht und nicht vor den äußeren Augen. Eine Vision bestimmte zum Beispiel den Aufbruch des Volkes Israel aus Ägypten, von dem im Alten Testament erzählt wird: Es ist die Vision vom »Land, wo Milch und Honig fließen«. Das Bild dieses Landes, in dem es genug Nahrung für alle gibt, ist wie ein Versprechen darauf, dass alles gut werden wird.

INNERE BILDER

Von den Zielen ist die Vision dadurch unterschieden, dass sie bildhafter und sinnlicher ist, gleichzeitig erscheint sie etwas unwirklich. Ziele formulieren wir realistisch, Visionen erleben wir mit unserer Fantasie. Sie werden nie eins zu eins so verwirklicht, wie sie einst vor Augen gestanden haben. Aber sie besitzen eine sich selbst erfüllende Kraft. So geben sie als innere Bilder die Richtung vor. Sie sind Anreize – stark wirksame Wegweiser. Mit ihrer Anziehungskraft helfen sie, die Ziele zu erreichen, die in ihrer Richtung liegen.
Wenn Sie also bewusst eine Vision von Ihrer eigenen Zukunft entwickeln, so motivieren Sie sich damit zugleich, Energie in die erwünschte berufliche oder private Veränderung zu stecken. Und am besten erschaffen Sie Ihre Vision, indem Sie sich einmal ganz konkret ausmalen, wie Ihr Leben nach dieser Veränderung sein wird, was Sie dann an einem typischen Tag tun und erleben werden und wie sich alles anfühlen wird. Lassen Sie Ihrer Fantasie freien Lauf und werfen Sie einen Blick in die Zukunft. Die folgende Übung leitet dazu an.

ÜBUNG

Sich die Zukunft ausmalen

Wählen Sie einen Zeitpunkt in drei oder fünf Jahren und malen Sie sich eine Szene aus Ihrem Alltag aus, wie er dann sein wird. Es soll eine typische Szene sein, keine Ausnahme. Lassen Sie sie vor Ihrem inneren Auge ablaufen wie einen Film mit Ihnen selbst in der Hauptrolle. Zu welcher Jahreszeit spielt diese Szene, an welchem Wochentag und zu welcher Tageszeit? Malen Sie sich aus: wie der Schauplatz aussieht, was Sie genau tun, mit wem Sie dabei Kontakt haben, was Sie sagen, was Sie hören, riechen, schmecken, wie Sie aussehen, wie Sie sich fühlen, wie Ihre weiteren Lebensumstände sind.

Wichtig ist, dass Sie etwas Angenehmes vor Augen haben, nichts Negatives. Scheuen Sie sich nicht, Ihre jetzigen Wünsche einzubauen und die Details so lange zu verändern, bis Sie sich mit allem wohlfühlen.

Sie können Ihr Bild in Worten beschreiben oder eine wichtige Szene daraus malen. Oder Sie notieren Stichworte.

Verwahren Sie das Ergebnis und wiederholen Sie die Übung immer wieder einmal. Später können Sie auf die Ergebnisse zurückschauen und erkennen, in welcher Hinsicht sie Ihren Weg bestimmt haben.

Nutzen wir die Kraft der Visionen, wenn wir uns auf den inneren Pilgerweg begeben. Sie sind wie ein Kompass, dessen Nadel magnetisch vom Nordpol angezogen wird und so dafür sorgt, dass wir Kurs halten können. Was soll werden, was soll gut werden? Wie wird es sein, wenn wir dort sind, wo wir hinwollen? Den Blick auf unseren Leitstern gerichtet, ein Bild von unserer Zukunft vor Augen wie eine Verheißung, so überschreiten wir die Schwelle – und kommen in ein neues Land.

UNTERWEGS IM HIER UND JETZT

Gehen, Schritt für Schritt, aber auch innehalten und die Einsamkeit genießen. Wahrnehmen, ohne zu bewerten. Achtsam sein, den Atem wiederentdecken. Die eigenen Gefühle annehmen und sich in der neuen Situation nicht überfordern: Wenn wir in dieser Haltung auf dem inneren Pilgerweg unterwegs sind, dann bleiben wir offen für das Gute, das uns auf dieser Reise jederzeit entgegenkommen kann.

GEHEN UND DABEI
WAHRNEHMEN

Jetzt sind Sie unterwegs. Sie gehen die ersten Meter Ihres inneren Jakobswegs. Bevor wir uns aber dem eigentlichen Gehen und anderen wichtigen Aspekten des Unterwegsseins widmen, schauen wir uns die aktuelle Situation kurz hinter der Schwelle, die Sie gerade überschritten haben, genauer an. Es ist eine Anfangssituation, und wir sind ganz auf sie konzentriert. Anfangen, neu anfangen – darin kann ein großer Reiz liegen. Im Anfängersein auch? Aber so ist es nun mal: Wer einen neuen Weg einschlägt, wird in gewisser Weise wieder zum Anfänger.

WIEDER ZUM ANFÄNGER WERDEN

Für denjenigen, der einen realen Pilgerweg wie den Jakobsweg geht, bedeutet das Anfängersein, dass er noch nicht alles kennen muss. Er hat sich vorher informiert, aber vieles lernt er erst unterwegs – durch eigene Erfahrung und indem er schaut, wie es die anderen machen. Auch auf unseren inneren Pilgerwegen sind wir zunächst wieder Anfänger. Etwas ändert sich in unserem Leben, und das bedeutet: Wir sind nicht mehr auf ganzer Breite die Experten, die wir vorher waren. Bei beruflichen Veränderungen etwa bringen wir zwar Können und Erfahrung mit, aber vieles haben wir neu zu lernen. Auch bei einem Wohnortwechsel müssen wir uns manches erst erobern – das örtliche Straßennetz und den neuen Freundeskreis.
Weniger klar umrissen und doch ebenso intensiv trifft uns das Anfängersein bei Veränderungen im privaten Bereich. Die Kinder gehen aus dem Haus, oder eine Beziehung endet – plötzlich werden wir wieder zum Anfänger, weil wir neu lernen müssen, als Paar oder als Alleinlebende unseren Alltag zu gestalten.

Wie fühlt es sich an, in Ihrem Alter noch einmal Anfänger zu sein? Wichtig ist, dass Sie sich dieses Anfängersein gestatten. Dass Sie sich nicht mit der Erwartung überfordern, Sie müssten alles sofort perfekt hinbekommen. Sie sind unterwegs, das ist erst einmal das Wichtigste. Das andere werden Sie lernen, Schritt für Schritt. Lassen Sie sich Zeit, Sie dürfen langsam vorwärtsgehen, um lernen zu können. Um ein Gespür für den Weg zu bekommen, für seine Schönheiten und Unebenheiten, und um alles wahrzunehmen, was am Wegrand liegt.

AUFS BEWERTEN VERZICHTEN

Die Wahrnehmung ist ein wichtiger Aspekt, denn sie ist unser Schlüssel zur Außenwelt und ebenso nach innen. Doch was versteht man darunter eigentlich genau? Nehmen wir als Beispiel den Geruch von frisch gebrühtem Kaffee: Der Geruch ist ein Sinnesreiz. Er löst in uns eine Sinnesempfindung aus. Aus Erfahrung wissen wir bereits, wie Kaffee duftet. Wir verknüpfen also die geruchliche Sinnesempfindung mit der Erfahrung – und aus dieser Verknüpfung entsteht die Wahrnehmung: Wir nehmen den Duft frischen Kaffees wahr.

Zur reinen, puren Wahrnehmung gehört es, nicht zu bewerten. Das fällt jedoch oft nicht leicht. Denn wir bewerten beinahe ständig und merken es nur nicht. Die Bewertung ist meist genauso schnell da wie die Wahrnehmung und oft so fest mit einer Sache verknüpft, dass sie sich automatisch einstellt und uns daran hindert, wirklich wahrzunehmen. Nach diesem Mechanismus funktionieren zum Beispiel Vorurteile. Wir sind es also gewohnt zu sortieren: die Guten ins Töpfchen, die Schlechten ins Kröpfchen. Jedoch passen nun, da wir einmal aufgebrochen sind, die alten Kriterien vielleicht gar nicht mehr, nach denen wir bislang zwischen Gut und Schlecht unterschieden haben. Vielleicht verstellen sie uns den Blick auf mögliche neue Erfahrungen, die wertvoll für uns wären. Versuchen wir daher als Anfänger auf unserem Pilgerweg, auf das Bewerten zu verzichten und offen zu sein.

ÜBUNG

Bewusst wahrnehmen

Aaron T. Beck, der Begründer der Kognitiven Verhaltenstherapie, hat seine Klienten gelehrt, sich im Alltag selbst zu beobachten, um ihre automatisch sich einstellenden destruktiven Gedanken über sich und ihre Umwelt aufzuspüren. Ähnlich können Sie mit Bewertungen verfahren:

- Machen Sie sich bewusst, dass Sie fast ständig bewerten – sei es das Wetter, sei es einen anderen Menschen.

- Wenn Sie feststellen, dass Sie etwas wahrnehmen und bewerten, benennen Sie die Bewertung, etwa »Das nervt!« oder »Ih, wie eklig!«.

- Versuchen Sie dann, die Bewertung gedanklich vom Gegenstand Ihrer Wahrnehmung zu lösen, indem Sie in neutrale Worte fassen, was Sie wahrnehmen: »Der Hund bellt laut.« Oder: »Hier hat jemand geraucht.«

- Wie geht es Ihnen, wenn Sie die jeweilige Bewertung auf diese Weise abgelöst und quasi kaltgestellt haben? Stellen sich Gefühle ein? Notieren Sie Ihre Beobachtung.

- Versuchen Sie das Aufspüren und Abstellen von Bewertungen zu einem Bestandteil Ihrer inneren Haltung zu machen.

Das soll Sie nicht zur Konfliktvermeidung verführen. Natürlich sollen Sie für Ihren Standpunkt und Ihre Rechte eintreten und sich bei Bedarf gegen andere abgrenzen. Aber: Es besteht ein Unterschied zwischen der Ablehnung einer Gegenposition oder auch der Kritik an einem konkreten Verhalten einerseits und jener ständig mitlaufenden Bewertung, die pauschalisierender, emotionaler und weniger begründbar ist.

DAS KONZEPT DER ACHTSAMKEIT

Die nicht wertende Wahrnehmung steht auch im Mittelpunkt eines Zustandes, den wir Achtsamkeit nennen. Ursprünglich gehört das Konzept der Achtsamkeit in die buddhistischen Lehren vom Meditieren. Es ist jedoch mittlerweile auch im Westen sehr bekannt. Achtsam zu sein, bedeutet, mit der Wahrnehmung ganz auf das bezogen zu sein, was jetzt gerade ist, ohne es zu bewerten. Anders als bei der Konzentration ist die Aufmerksamkeit dabei nicht gebündelt auf einen Fokus gerichtet, sondern bezieht die ganze Fülle dessen ein, was wahrgenommen wird. Achtsamkeit ist außerdem ein Zustand großer Wachheit und daher nicht mit Entspannung zu verwechseln.

Achtsam zu gehen, bedeutet, Schritt für Schritt voranzugehen und dabei ganz dem Hier und Jetzt zugewandt zu sein. Nicht an das zu denken, was womöglich hinter der nächsten Biegung warten könnte, sondern diesen einen Schritt ganz zu tun, der jetzt dran ist. Und dann erst den nächsten. Und dann den nächsten. Erkunden Sie das achtsame Gehen mit der Übung auf Seite 52. Wiederholen Sie diese immer wieder und planen Sie auch lange Spaziergänge ein. Das schärft Ihr Bewusstsein dafür, dass wir ein ganzes Leben lang unterwegs sind.

»Ich habe meine besten Gedanken ergangen, und ich kenne keinen noch so schweren Kummer, den man nicht weggehen kann.«

SØREN KIERKEGAARD | DÄNISCHER PHILOSOPH (1813 – 1855)

ÜBUNG

Achtsam gehen

Machen Sie sich bewusst, was achtsames Gehen ausmacht, was alles zu einem einzigen Schritt gehört. Gehen Sie barfuß oder in Strümpfen in Ihrer Wohnung oder im Garten herum, bis Sie eine für Sie angenehme Gleichmäßigkeit gefunden haben. Spüren Sie dabei, wie die Erde Sie verlässlich trägt. Richten Sie nun Ihre Aufmerksamkeit ganz auf das Gehen. Verfeinern Sie dabei Ihre Wahrnehmung immer mehr und spüren Sie:

- Welche Fußpartien lösen sich zuerst vom Boden, welche berühren ihn zuerst wieder? Welche Linie beschreibt der Fuß bei der Vorwärtsbewegung? Wie hoch ist er über dem Boden?

- Welche Muskeln arbeiten an dieser Bewegung mit?

- Wie setzt sich die Gehbewegung im Körper fort? Welche Körperregionen sind beteiligt? Achten Sie dabei auch auf Ihre Arme, den Rumpf, auf Hals und Nacken sowie den Kopf.

- Wenn Sie dann schon etwas geübter sind, versuchen Sie, beim achtsamen Gehen auch wahrzunehmen, was Sie hören, sehen und riechen.

Physische Bewegung löst also mehr als nur muskuläre Blockaden, sie bringt auch im Kopf etwas in Bewegung. Hinzu kommt: Im Gehen machen wir uns bewusst, was Unterwegssein eigentlich bedeutet, indem wir das sprachliche Bild in körperliche Aktion übersetzen. Wir spüren den inneren Zusammenhang zwischen unserem Lebensweg und unseren alltäglichen Wegen. Das achtsame Gehen ist eine gute Körperübung für alle, die einen inneren Pilgerweg beschreiten. Vor allem längeres Gehen fördert die Produktion körpereigener Hormone und Botenstoffe, die für Wohlbefinden und Glück sorgen und negative Stimmungen verringern.

HETZEN SIE NICHT!

Als Anfänger unterwegs sein – achtsam, Schritt für Schritt gehend und ganz auf die Gegenwart bezogen, auf das, was jetzt gerade ist: Dieses Bild soll Sie auf Ihrem inneren Pilgerweg begleiten. Versuchen Sie es sich immer wieder herzuholen – vor allem dann, wenn Sie den Eindruck haben, Sie müssten schneller werden, schneller voran- oder schneller von irgendwo fortkommen. Lassen Sie sich nicht hetzen, hetzen Sie sich nicht. Spüren Sie: So wie Sie beim Gehen mit jedem Schritt neu mit der Erde verbunden sind, so ist es auch im übertragenen Sinn. Welche Wege Sie nun auch gehen – die Erde trägt Sie.

SCHRITT FÜR SCHRITT VORWÄRTSGEHEN

Vor allem dann, wenn der Weg sehr unübersichtlich ist und dem Gehenden viel Mut und Energie abverlangt, hilft es, nur auf den jetzigen und den nächsten Schritt zu schauen. Wer immer das Ganze sehen will, überfordert sich leicht. Besser ist es zuweilen, immer nur den nächsten Schritt im Blick zu haben – das, was gerade anliegt. Begrenzte Abschnitte sind besser bearbeitbar als das gesamte Pensum auf einmal. Das gilt für alltägliche Aufgaben ebenso wie für große Vorhaben, die umgesetzt werden wollen. Denn auch die längste Reise kann man nur Schritt für Schritt, Kilometer für Kilometer tun. Es liegt etwas Entlastendes darin, sich das bewusst zu machen.

PRIORITÄTEN SETZEN

Nach demselben Prinzip hilft es, sich bei einer Vielzahl von gleichzeitig bestehenden Problemen zu fragen: Was ist jetzt, gerade jetzt am schwierigsten? Wenn wir alle Schwierigkeiten auf einmal im Blick haben, fühlen wir uns von ihnen wie überrollt und so, als ob wir gar keine Kraft mehr hätten. Die Frage nach dem, was gerade jetzt am schlimmsten oder am dringendsten ist, wirkt dem entgegen. Wir setzen dann Prioritäten, das heißt, wir richten den Blick auf ein Thema, anstatt uns von allem auf einmal überschwemmen zu lassen.

BEGEGNUNG
IN DER STILLE

Achtsam gehend im wörtlichen und im übertragenen Sinn – so wollen wir also in jedem Moment auf unserem inneren Pilgerweg unterwegs sein. In einer Anfängersituation wie der unseren ist die Wahrnehmung vergleichsweise gesteigert und die Aufmerksamkeit hoch. Bildlich gesprochen, sind alle Antennen auf Empfang. Trotzdem erkennen wir oft nicht, worauf wir jetzt unsere Wahrnehmung richten müssen. Vieles lenkt uns ab. Reizreduktion könnte dann ein Stichwort sein.

WÜSTENTAGE EINLEGEN

Versuchen Sie einmal auszuschalten, was Ihre Aufmerksamkeit von dem Weg abzieht, den Sie begonnen haben. Eine Pilgerreise muss man allein gehen oder zumindest allein starten, das sagt ausgerechnet Hape Kerkeling, ein Medienmensch, der sicherlich eine Menge an Außenreizen verträgt. Das Bild des Alleingehens lässt sich auch auf die inneren Pilgerwege übertragen. Wenn wir einmal alle Ablenkungen ausschalteten, würde sich ein ungeahnter Raum öffnen und ein Erleben ermöglichen, das sonst in der Kulisse der alltäglichen Worte unterginge. Ein gutes Beispiel für die bewusste Reduktion von Außenreizen sind Schweigewochenenden, bei denen die Teilnehmer einander erst am Schluss sagen, wie sie heißen und wer sie sind. Sie verzichten für die Dauer des Zusammenseins auf Worte und Informationen, die, vorab gegeben, die unmittelbare Begegnung mit dem anderen vielleicht verdeckt hätten. Auf Ablenkung zu verzichten, Reize zu verringern, auch mal zu schweigen, das bedeutet also nicht, dass da plötzlich gar nichts mehr ist, im Gegenteil! Das Unbeachtete, das, was aus der Tiefe kommt – auf einmal kann es sich entfalten.

Ein sanftes, leises Säuseln

Die Wüste war seine Zuflucht. Hierher zog der Prophet Elia sich zurück, als die Frau des Königs ihm nach dem Leben trachtete. Mitten in der Einöde legte er sich unter einen Ginsterstrauch und wünschte sich zu sterben. Er war so müde von den vielen Kämpfen gegen die Königin, die mit ihrem Irrglauben das halbe Volk aufwiegelte. Er hatte keine Kraft mehr. Aber ein Engel brachte ihm zu essen und zu trinken, und so gestärkt zog Elia schließlich doch weiter und gelangte zum Berg Horeb. In einer Höhle schlug er sein Nachtlager auf. Da zog ein Sturm vorüber, so stark, dass Felsen zerbarsten. Ein Erdbeben brachte die Erde zum Schwanken, und ein Feuer verzehrte alles, was ringsum wuchs.
Doch Gott war weder im Sturm noch im Erdbeben und auch nicht im Feuer. Nach dem Feuer aber ertönte ein sanftes, leises Säuseln – so leise, dass es kaum wahrzunehmen war. Da verhüllte der Prophet sein Gesicht mit seinem Mantel und trat an den Eingang der Höhle. Denn jetzt würde Gott zu ihm sprechen.

Auch wenn Sie jetzt kein Schweigewochenende antreten können oder wollen – in jedem Fall sollten Sie immer wieder mal bewusst Reize aussparen. Verzichten Sie auf Gespräche, Radio, Fernsehen, Computer, Bücher und Zeitschriften und geben Sie dem Raum, was sich in der Stille zeigt. Eine Etappe des Jakobswegs führt durch die Meseta, eine wüstenartige Hochebene. Pilger beschreiben diese Strecke als besonders faszinierend, aber auch als geistig-seelisch fordernd. Legen Sie also auf Ihrem inneren Pilgerweg immer wieder Wüstentage ein.

IM EIGENEN ATMEN ANKOMMEN

Wenn wir allein unterwegs sind und ganz mit dem Gehen beschäftigt, so hören wir uns irgendwann selbst atmen. Der Atem und die Schritte, sie finden in einen gemeinsamen Rhythmus, der uns wie von selbst weiterträgt. Auch auf den inneren Pilgerwegen gehört der Atem zu den großen Kraftquellen. Nutzen wir sie, um uns mit uns selbst zu verbinden und ruhig zu werden in unruhigen Zeiten! Der Atem ist immer da. Unsere Atmung erfolgt im Rhythmus von Einatmen, Ausatmen und Atempause.

→ Die Einatmung dient nicht nur der Sauerstoffaufnahme: Wir schaffen dabei auch Raum für Neues, für Inspirationen, die wir aufnehmen.

→ Bei der Ausatmung wird nicht nur Kohlendioxid abgegeben: Wir lassen auch los und geben Schutzhaltungen auf.

→ Während der Atempause werden nicht nur die Muskeln durchblutet, die am Atmen beteiligt sind: Sie steht auch für die kreative Pause, die wir immer wieder benötigen. Beim Einschlafen sinken wir immer während einer einzigen Atempause in den Schlaf.
»Raum schaffen« beim Einatmen und »loslassen« beim Ausatmen zeigt sich auch im körperlichen Ablauf unserer Atmung:

→ Das Zwerchfell liegt als muskulöse Kuppel unter der Lunge und ist an den unteren Rippen ringsherum angewachsen. Beim Einatmen flacht es zum Becken hin ab. Gleichzeitig heben sich die Rippen mithilfe zwischen ihnen liegender Muskeln leicht nach außen und nach oben.

→ Beim Ausatmen schwingen Zwerchfell und Rippen in ihre Ausgangsposition zurück; die Atemmuskulatur lässt von selbst los.
Die Ausatmung dauert durchschnittlich eineinhalbmal so lang wie die Einatmung. Die Atempause, in welcher der Atem ruht, dauert etwa halb so lang wie die Einatmung. Es gibt diesbezüglich jedoch kein Richtig oder Falsch. Wichtig ist auch hier wieder, den eigenen Atem ohne Bewertung wahrzunehmen und sich genug Zeit zu geben, um im eigenen Atemrhythmus anzukommen.

Atmen Sie sich ruhig

Die Atemphysiotherapeutin Barbara Lutz (siehe Seite 156) hat eine Atemübung entwickelt, die Sie Ihrem natürlichen Atemrhythmus auf leichte Weise näherbringt: die Basisatmung. Zu Beginn sollten Sie sie immer, wie beschrieben, im Liegen durchführen (täglich fünf Minuten, gerne auch länger). Später können Sie die Übung auch im Sitzen oder Stehen machen, etwa zwischendurch am Schreibtisch oder wenn Sie an einer Haltestelle warten.

- Legen Sie sich auf eine bequeme Unterlage. Die Beine sind ausgestreckt, die Arme ruhen neben dem Körper. Schließen Sie die Augen oder lassen Sie Ihren Blick locker auf einem Punkt ruhen.

- Atmen Sie durch die Nase ein, durch den Mund aus und verweilen Sie nach der Ausatmung in der Atempause, bis Ihr Atem wiederkommen möchte.

- Spüren Sie beim Einatmen, wie die Luft über die Nase in Ihren Körper strömt. Stellen Sie sich dabei vor, wie sich Brustkorb und Bauchraum weiten. Sie können das Einatmen innerlich mit dieser Kurzformel begleiten: »Den Atem kraftvoll einströmen lassen.«

- Spüren Sie beim Ausatmen, wie die Luft über den Mund den Körper verlässt. Stellen Sie sich vor, wie die Atemmuskeln nun locker werden und zurückschwingen. Kurzformel: »Den Atem sanft ausströmen lassen.«

- Nach der Ausatmung spüren Sie, wie Ihr Atem Kraft schöpft, bis der nächste Atemzug von selbst kommt. Kurzformel: »Den Atem ruhen lassen.«

- Atmen Sie nun immer so weiter, bis Sie in einem für Sie angenehmen Rhythmus angekommen sind: Einatmen durch die Nase – »Den Atem kraftvoll einströmen lassen.« Ausatmen durch den Mund – »Den Atem sanft ausströmen lassen.« Atempause – »Den Atem ruhen lassen.«

MIT GEFÜHLEN
GUT UMGEHEN

Jede einigermaßen bedeutsame Situation – gerade auch auf einer inneren Pilgerreise – erzeugt starke Gefühle. In unseren Gefühlen reagieren wir physisch und psychisch auf eine Situation und werden uns gleichzeitig unserer Reaktion bewusst – auch, indem wir sie innerlich in Worte fassen. Dieser Aspekt der Bewusstmachung ist immer Bestandteil eines Gefühls. Unsere Gefühle geben uns also Auskunft über unseren leibseelischen Zustand. Damit stellen sie für uns einen inneren Kompass dar. Die einzelnen Gefühle machen sich im Körper auf unterschiedliche Art und an unterschiedlichen Stellen bemerkbar. Das haben finnische Forscher untersucht und so die »Körperlandkarte der Gefühle« entwickelt (siehe Seite 60 / 61).

GEFÜHLE ANNEHMEN …

Diese »Landkarte« zeigt, wie eng Körper und Psyche miteinander verbunden sind. Wir erleben und wir handeln als Einheit dieser beiden. Das heißt, Gefühle lassen sich nicht einfach abschneiden. Sie wollen gewürdigt werden. Denn sie erfüllen für uns gleich mehrere Aufgaben:

→ Gefühle bringen uns dahin, dass wir uns mit Dingen befassen, die wir als angenehm empfinden, und dass wir Unangenehmes meiden. Auf diese Weise beeinflussen sie unser Lernen und Arbeiten. Versuchen Sie also, Schönes in dem zu entdecken, womit Sie sich befassen müssen – es wird Ihnen dann mehr Freude machen.

→ Gefühle motivieren uns dazu zu handeln. Sie regen uns an, etwas zu tun, um ein erwünschtes Ziel zu erreichen. Allerdings nur, wenn das Gefühl – und mit ihm die körperliche Erregung – nicht zu stark ist. Sicher haben auch Sie es schon erlebt, dass Sie in einer Situation zu

erregt waren, um etwas zu sagen oder zu tun. »Meine Gefühle haben
mich überwältigt«, so haben Sie anschließend vielleicht gedacht.

→ Gefühle steuern auch, wie wir andere Menschen wahrnehmen.
Hier nun besteht ein interessanter Mechanismus: Wir müssen andere
nicht nett finden, um uns mit ihnen wohlzufühlen. Es genügt, wenn
wir etwas für sie tun – und sofort steigt unser eigenes Wohlgefühl.
Wer sich für andere engagiert, hat also selbst auch etwas davon.
Für unser tägliches Leben können wir daraus schlussfolgern:
Wir sollten unsere Gefühle ernstnehmen und annehmen. Denn sie
helfen uns, für uns selbst zu sorgen, und sie können uns unsere
eigenen Verhaltensimpulse erklären. So sind sie ein guter Wegweiser
durchs Leben – und auf inneren Pilgerreisen.

… UND GEDANKEN PRÜFEN

Weil Gefühle immer mit Gedanken verknüpft sind, gilt jedoch auch:
Gerade negative Gefühle können eine ungute Gedankenspirale in
Gang setzen. Wer sich zum Beispiel nach einer ungewollten Trennung
schwach und mutlos fühlt, wird vielleicht entsprechende Gedanken
pflegen und so sein Minderwertigkeitsgefühl weiter steigern. Betrachten Sie daher gerade negative Gedanken – vor allem, wenn sie allge-
meingültig und pauschal daherkommen – mit Vorbehalt und zemen-
tieren Sie mit ihnen kein falsches Selbstbild.
Damit ist freilich kein krampfhaft positives Denken gemeint. Zwar
ist es wichtig, immer auch das Gute im Blick zu behalten (siehe dazu
Seite 134–141). Aber in schwierigen Lebenslagen stellt gewollt positives
Denken keine angemessene Würdigung der Situation dar. Trauer etwa
muss da sein dürfen, ohne kleingeredet zu werden. Erst wenn sie
gewürdigt wurde, kann sie zunehmend auch wieder anderen Gefühlen
Platz machen. Sagen Sie sich deshalb, wenn es schwierig wird auf Ihrem
Weg: Im Moment ist es so, wie es ist. Irgendwann wird es wieder
anders, denn ich bin unterwegs.

DIE KÖRPERLANDKARTE

UNSERER GEFÜHLE

Finnische Forscher haben bei über 700 Menschen untersucht, welche Gefühle sich wo im Körper äußern: Hier sind Herzklopfen, Muskelanspannung und Temperaturanstieg rot bis gelb markiert. Eine gesunkene Körperaktivität ist blau gekennzeichnet.

Glück: Als einziges Gefühl ergreift das Glück den gesamten Körper positiv, es durchströmt ihn anregend und warm.

Liebe: Vom Kopf bis hin zu den Oberschenkeln ist der Körper angeregt und erwärmt, dabei werden Kopf, Herzgegend und Unterleib noch intensiver durchströmt als beim Glück. Auch in den Füßen zeigt sich ein schwacher Wärmestrom – ein körperlicher Ausdruck für das Gefühl, wie auf Wolken zu schweben?

Stolz: Auch hier wird der Oberkörper gewärmt und angeregt, aber nur bis zur Taille. Die Arme sind etwas einbezogen, der restliche Körper – bis auf ein paar Wärmepunkte in den Beinen – überhaupt nicht.

Überraschtheit: In Brust und Kopf sind Wärme und Anregung spürbar, die Arme sind nicht einbezogen, die Beine werden sogar etwas kälter und schwerer.

Scham: Auch hier werden Arme und Beine kalt, aber etwas weniger als bei der Traurigkeit. Im Rumpf und vor allem im Kopf ist dafür mehr Wärme spürbar.

Traurigkeit: Nur in der Brustregion und im Gesicht ist noch etwas Wärme und Energie spürbar. Arme und Beine hingegen werden deutlich kalt und schlaff. Tatsächlich fühlen wir uns oft körperlich schwer, wenn wir traurig sind.

Wut: Oberkörper, Arme und Kopf sind voller Energie. In den Händen ist dabei die stärkste Anregung zu verzeichnen.

Depression: Hier verbreitet sich das Schwere- und Kältegefühl über Arme und Beine bis hin zum Kopf. Im Rumpf ist gar nichts spürbar, weder positiv noch negativ.

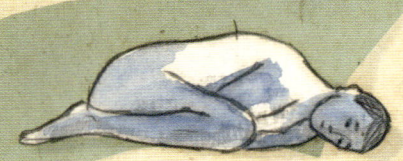

DIE EIGENEN WURZELN LIEBEN

Aus Vergangenheit, Gegenwart und Zukunft
entsteht unser Lebensweg. Im Rückblick auf unsere Wurzeln
und die bisherige Strecke erkennen wir unsere
ganz persönliche Spur, den roten Faden unseres Lebens
bis heute. Wenn wir uns ehrlich mit ihm auseinandersetzen,
entwickeln wir ein neues Verständnis für uns selbst,
dafür, wie wir sind. Das gibt uns Selbstvertrauen,
wenn wir anschließend unseren inneren Pilgerweg in
die Zukunft hinein fortsetzen.

ZURÜCKBLICKEN,
VERBORGENES FREILEGEN

Was geschieht mit uns, wenn wir die Schwelle überschritten haben und achtsam unterwegs sind? In Joseph Campbells Modell der Heldenreise (siehe Seite 34) muss, wer aufgebrochen ist, eine Reihe von Prüfungen bestehen. Der Held bewegt sich, so sagt es Campbell, in einem seltsam mehrdeutigen Land voller merkwürdiger Phänomene. Auch der Pilger auf dem Jakobsweg durchlebt, wenn er sich einmal auf den Weg gemacht hat, manches Abenteuer. Die Legenden, die in den Ortschaften längs des Camino Francés entstanden sind, schildern diesen Weg als Aneinanderreihung von Wundern: Kirchenportale fliegen durch die Luft, gebratene Hühner werden wieder lebendig und flattern davon. Und ein frommer Abt wird vom Gesang einer Nachtigall verzaubert, sodass er dreihundert Jahre verschläft. Als er in sein bescheidenes Kloster zurückkehrt, ist daraus eine stattliche Abtei geworden.

DEN DÄMON BESIEGEN

In alten Geschichten (wie auch in Träumen) begegnet uns in übernatürlicher Gestalt das Ungeklärte unseres bisherigen Lebens. Aber auch äußere Eindrücke können uns Themen widerspiegeln, die bearbeitet werden wollen. Der Schriftsteller Paulo Coelho beschreibt in seinem autobiografischen Roman »Auf dem Jakobsweg«, wie ihm in dem Dorf Foncebadón plötzlich ein schrecklicher Hund gegenübersteht – die Verkörperung des Dämonischen. Der Ich-Erzähler überlegt kurz: Soll er fliehen oder sich dem Kampf stellen? Er beschließt zu kämpfen, als sich der Hund auch schon auf ihn stürzt und sich in seine Arme und Beine verbeißt. Verzweifelt sucht der Mann die Angriffe abzuwehren, aber sein Widerstand wird bald schwächer. Soll er sich besiegen lassen?

Dann wäre wenigstens der Kampf vorbei. Aber nein, er will lieber selbst zum blutrünstigen Hund werden und diesen Kampf als Sieger beenden. Doch kurz bevor er den fremden Hund dann wirklich töten könnte, hält er inne: Er spürt den Dämon nun in sich und ahnt, dass das kein gutes Ende nehmen kann. Plötzlich steigt grenzenlose Liebe in ihm auf, die alle zerstörerische Energie aus ihm hinaustreibt. Am Ende dieser Szene sitzen da ein schwanzwedelnder Hund und ein völlig verstörter Mann, der nur eines weiß: Er hat das Dunkle in sich besiegt.

Welche Wahrheit steckt in der Geschichte über den Hund von Foncebadón? Wer unterwegs ist, der kommt auch an Punkte, wo er mit Unerlöstem konfrontiert wird, und das heißt: mit Themen, die nicht bearbeitet sind, die deshalb Konflikte für ihn bergen. Nicht nur auf dem realen Pilgerweg, sondern auf jedem Lebensweg gibt es Stationen wie Foncebadón, mit Gestalten wie jenem Hund, die wir fürchten, sobald wir nur an sie denken. Aber wenn wir uns ihnen dann wirklich zuwenden, wenn wir sie nicht bekämpfen, sondern in klärender Rückschau annehmen, können sie ihren Schrecken verlieren. Dann wird der Blick auch wieder frei für das Gute, das wir auf unserem Lebensweg ebenfalls erfahren haben.

Foncebadón am Jakobsweg

Das Dorf namens Foncebadón liegt am Camino Francés in der Provinz León. Es wird als Geisterdorf bezeichnet, denn vor einigen Jahrzehnten wanderten seine Bewohner einer nach dem anderen in die Stadt ab. Nur streunende Hunde lebten zuletzt noch in den verfallenen Ruinen des Ortes. Heute ist Foncebadón dank der vielen Pilger, die längs des Weges Einkehr- und Übernachtungsmöglichkeiten brauchen, wieder besiedelt. Zahlreiche herrenlose Hunde gibt es allerdings noch immer.

INS EIGENE INNERE HINABSTEIGEN

Indem der Held auf seiner Heldenfahrt die ihm gestellten Prüfungen besteht, löst er eine Aufgabe, die zu Ende gebracht werden muss, bevor er in sein neues Leben weitergehen darf. Lösung, Erlösung ist das Ziel, das am Ende dieser Phase steht. Oft muss der Held dazu hinabsteigen in eine dunkle, nächtliche Welt, und das bedeutet: in sein Inneres, wo das Unerklärte, Unerlöste wartet.

Auch in Situationen des Auf- und Umbruchs, die einen inneren Pilgerweg in Gang setzen, kann das Hinabsteigen in die Tiefe nötig werden. Denn die Erschütterungen der Gegenwart verursachen Risse an der Oberfläche, und was darunterliegt, wird sichtbar: Alte Fragen und vielleicht auch Verletzungen können aufbrechen und noch einmal nach Klärung verlangen.

→ Zum Beispiel können, wenn die eigenen Eltern sterben, noch einmal ungelöste Konflikte und Verletzungen aus der Kindheit und Jugend aufbrechen. Hier ginge es dann um Aussprache und Versöhnung, auch um Vergebung, falls dies möglich ist. Im Kapitel »Unsere Wegbegleiter« ab Seite 124 finden Sie mehr zu diesem Thema.

→ In Auf- und Umbruchsituationen werden wir vielleicht auch mit Seiten an uns konfrontiert, die wir bislang lieber ausgeblendet haben. Nun merken wir: Wir müssen uns diesen verdrängten Persönlichkeitsanteilen doch stellen. Zum Beispiel kann jemand, der sich selbst bislang als hilfsbereit und nachgiebig erlebt hat, nun erkennen, dass er keineswegs immer nur aus Altruismus gehandelt hat. Vielmehr mag ihn auch die Sorge getrieben haben, andernfalls weniger gemocht und gebraucht zu werden. Hier gälte es, endlich Vertrauen darin zu entwickeln, dass man um seiner selbst willen gemocht wird.

→ Auch in Partnerschaften können, wenn sich etwas verändert, bislang unterdrückte Themen aufbrechen. Etwa, wenn einmal eine verletzende Äußerung gefallen war, die jahrzehntelang im Hinterkopf blieb: Irgendwann kommt der Zeitpunkt, wo sie angesprochen werden muss, damit sie endlich ihre Wirkung verliert.

AN DIE WURZELN GEHEN

Bei dem Versuch, das eigene Leben zu verstehen, ist das Sinnbild der Wurzeln aufschlussreich. Jeder Baum besitzt Wurzeln, und die haben gleich mehrere Aufgaben: Sie sorgen für Standfestigkeit, und sie versorgen den Baum mit Wasser und Nährstoffen. Außerdem speichern viele Pflanzen in der Wurzel Reservestoffe.

Wenn ein Same auskeimt, bricht meist als Erstes die Wurzelanlage durch. Das ist wohl der Grund, warum die Wurzel als Sinnbild für die Herkunft eines jeden Menschen gilt – für seine Familie und für den Ort, für die Region oder die Kultur, in der er groß wurde. Durch ihre Wurzel ist die Pflanze an ihren Standort gebunden. Im Sinnbild der Wurzel werden daher nicht nur Halt und Versorgung deutlich, sondern ebenso die Begrenzung, die wir durch unsere Herkunft erfahren. Wir sind durch sie geprägt – diese Prägung können wir nicht komplett auslöschen und neu überschreiben. Allerdings können wir, anders als die Pflanzen, aus eigener Kraft den Ort wechseln. Und wir können, ebenso wie die Pflanzen, immer neue Sprosse, Blätter, Blüten und Früchte ausbilden und uns in diesem Prozess verändern.

Bisher schien Ihre Identität, Ihr Selbstverständnis vielleicht festgefügt und sicher, doch nun, auf Ihrem inneren Jakobsweg, müssen Sie sich möglicherweise wieder neu sortieren und fragen: Wer bin ich heute, und wie wurde ich, was ich bin? Werden Sie sich mithilfe der Übung auf Seite 68 Ihrer Wurzeln bewusst.

AUF SPURENSUCHE

Zunehmend interessieren sich die Menschen wieder für ihre Vorfahren, sie besuchen die Geburtsorte ihrer Eltern oder fahren den Spuren nach, die ihre Vorfahren einst gelegt haben. Neben dem neuen Wissen über die eigene Herkunft bringt eine solche Spurensuche in Form einer Reise immer auch einen zweiten Ertrag: Wer verreist – egal wohin –, bekommt Abstand vom Alltag. Einen Abstand, aus dem sich vielleicht ein besserer Überblick ergibt. Wenn Sie jedoch von etwas umgetrieben werden, wenn Sie mit Fragen ringen, dann lohnt es sich, an einen Ort zu reisen, der für Sie bedeutsam ist und mit Ihren Wurzeln zu tun hat. Hier ergeben sich dann vielleicht andere, möglicherweise klarere Antworten als zu Hause.

EIGENSCHAFTEN UND LEITMOTIVE

Einiges von dem, was wir von unseren Vorfahren mitbekommen haben, ist im Wortsinn ererbt, etwa Gesichtszüge, Körpergröße oder auch bestimmte Fähigkeiten. Solche Familienähnlichkeiten lassen sich mehr oder weniger leicht finden. Und sie sind weitgehend unveränderlich. Trotzdem oder gerade deshalb können sie uns zu schaffen machen. Der Blick auf unsere Wurzeln kann dann dazu beitragen, sich mit solchen Eigenschaften auseinanderzusetzen und zu versöhnen.

ÜBUNG

Wie sind Sie verwurzelt?

Übertragen Sie das Sinnbild der Wurzel auf Ihr eigenes Leben, indem Sie sich folgende Fragen stellen: Was gibt mir (heute noch) Halt? Woraus nähre ich mich? Was gibt mir (heute noch) Kraft und Energie? Welche Festlegung und damit Begrenzung erlebe ich durch meine Herkunft?
Beziehen Sie dabei Ihre familiäre und ebenso Ihre kulturelle Herkunft ein. Notieren Sie Ihre Antworten. Mit ihrer Hilfe können Sie für sich herausfinden, welche Möglichkeiten und Fähigkeiten Sie Ihrer Herkunft verdanken und inwieweit Ihre Herkunft Ihnen andererseits Grenzen setzt. Aber auch: wo Sie vielleicht etwas verändern möchten und können und wo nicht.

Die große Urgroßmutter

Monika, Anfang der 1970er-Jahre geboren, haderte als Jugendliche mit ihrer selbst für ihren Jahrgang ungewöhnlichen Körpergröße. Eines Tages erfuhr sie bei einem Familientreffen, eine ihrer Urgroßmütter väterlicherseits sei ebenfalls sehr groß gewesen. Die junge Frau begann nachzuforschen, um etwas mehr zu erfahren über das Familienmitglied, das die gleiche körperliche Eigenschaft aufwies wie sie selbst. Doch viel war nicht herauszubekommen. Trotzdem dachte die Nachfahrin weiterhin mit Sympathie und Neugier an die ihr unbekannte Frau und malte sich aus, wie diese wohl damit umgegangen war, die meisten anderen Menschen um einen Kopf zu überragen. Auch wenn Monika wusste, dass es nicht der Wirklichkeit entsprach, freute sie sich fortan an der Vorstellung, eine Schwester im Geiste gefunden zu haben. Später gewann sie dann eine Freundin, die ebenso groß war wie sie selbst. So verstärkte sich das Gefühl, nicht allein zu sein, noch mehr.

Nicht nur unsere Eigenschaften und Fähigkeiten bekommen wir durch unsere Herkunft als Erbe mit. Auch Wertvorstellungen, Überzeugungen und Glaubenssätze werden von Generation zu Generation weitergegeben. Sie durchziehen als Leitmotive die Familiengeschichte. Ein Leitmotiv kann zum Beispiel lauten: »Ernste Menschen und Themen sind wertvoller als heitere.« Oder: »Bloß nicht von jemandem abhängig sein!« Oder: »Ohne Arbeit ist der Mensch nichts wert.« Solche Leitmotive sind oft schwer aufzufinden. Doch es lohnt sich, danach zu suchen. Denn erst wenn sie uns bewusst geworden sind, können wir ihnen aktiv zustimmen oder sie zugunsten neuer, eigener Überzeugungen ablehnen.

ÜBUNG
Leitmotive auffinden

- Legen Sie ein aktuelles Foto von sich sowie Einzelfotos der Mitglieder Ihrer Herkunftsfamilie – bis hin zu den Urgroßeltern – auf einem Tisch aus: Ihres in die Mitte und die anderen darum herum. Je größer der zeitliche Abstand zu Ihnen selbst, desto weiter weg liegt das Foto des Betreffenden. Fehlende Fotos ersetzen Sie durch Zettel mit Namen.

- Erstellen Sie nun für jede Person einen kleinen Steckbrief. Notieren Sie: Aussehen, Alter auf dem Foto, Ausbildung und Beruf, familiäre Situation, schönstes Erlebnis, schrecklichstes Erlebnis, Eigenheit, Fehler, gehütetes Geheimnis, Leidenschaft, Lebensziel, Verzicht, Lebensmotto. Bei Punkten, wo Sie nichts wissen, folgen Sie Ihren Assoziationen und Fantasien und schreiben diese in einer anderen Farbe auf, damit sie kenntlich bleiben.

- Was kennen Sie jeweils von sich selbst? Was ist überraschend für Sie? Wem würden Sie gern (wieder-)begegnen? – Notieren Sie alles.

- Schauen Sie nun, wer zusammengehört, und legen Sie Fotos und Zettel entsprechend zu Gruppen zusammen. Formulieren Sie für jede Gruppe wieder ein Lebensmotto, das Sie aufschreiben, und beantworten Sie sich wieder die Fragen aus dem vorherigen Schritt.

- Legen Sie nun ein Symbol für sich selbst in die Mitte und Ihr eigenes Foto mal hierhin, mal dorthin – je nachdem, bei welchem Teil der Familie Sie sich gern aufhalten möchten. Lassen Sie dabei noch einmal die Mottos auf sich wirken. Entsteht darüber vielleicht ein inneres Zwiegespräch zwischen Ihnen und einer oder mehreren anderen Personen?

Achtung: Das entstandene Familienbild ist nicht objektiv. Es ist Ihr Bild, wie Sie es jetzt in sich tragen, und kann Leitmotive zeigen, die in Ihnen wirken.

ZUSCHREIBUNGEN UND AUFTRÄGE

Leitmotive bestimmen die Sicht auf das Leben und die Art, wie mit Themen und Situationen umgegangen wird. Daneben gibt es unterschwellige oder auch ausgesprochene Aussagen, die weniger allgemein sind, sondern als Zuschreibungen und Aufträge teils generationenübergreifend weitergegeben werden und direkt an eine einzelne Person gerichtet sind. »Du übertreibst immer«, könnte eine solche Zuschreibung lauten, und der daraus folgende Auftrag hieße dann: »Sei unauffälliger!« Oft lautet ein Auftrag von Eltern an ihre Kinder: »Mach mehr aus deiner Begabung, als ich es tun konnte!« Weniger klar und offen werden Aufträge wie dieser kommuniziert: »Überrunde mich nicht, denn damit würdest du mir untreu.« Wenn solch ein verborgener Auftrag wirkt, ist lange nicht erkennbar, warum die betreffende Person zum Beispiel eine Hürde in der Ausbildung nicht schafft, obgleich sie dazu in der Lage wäre.

Wie aber lassen sich solche Aufträge aufspüren – noch dazu, wenn diejenigen, die sie erteilt oder weitergegeben haben, womöglich nicht mehr leben? Lohnenswert ist ein Austausch mit anderen Mitgliedern des Systems Familie, zum Beispiel mit Geschwistern oder Cousins und Cousinen. Jeder erlebt das große Ganze anders, denn jeder steht an einem anderen Platz und hat folglich eine andere Perspektive.

→ Wie habe ich euch einst gesehen und wie ihr mich?

→ Wie ist es euch mit einem bestimmten Menschen ergangen?

→ Wie habt ihr ein bestimmtes Ereignis erlebt?

So lässt sich zum Beispiel fragen. Manchmal entdecken Geschwister, die einander jahrzehntelang wegen vermeintlicher Bevorzugung des anderen beneidet haben, dass es ihnen in der Kindheit doch ähnlich ergangen ist. Das Gefühl der Benachteiligung kann sich dann auflösen und einer neuen Nähe Platz machen.

Wer sich selbst im Hinblick auf die Botschaften und Aufgaben betrachtet, die er in seiner Herkunftsfamilie vermittelt bekam, der kann als Erwachsener eher entscheiden, ob er diesen Botschaften weiter entsprechen und ob er die Aufgaben weiter übernehmen will. Sie wissen ja nun, dass der Standpunkt, von dem aus ein anderer Sie einst beurteilt und über Sie geurteilt hat, nur einer von vielen möglichen und keinesfalls der alleingültige ist. Und seine Sichtweise hatte womöglich nur mit ihm zu tun und gar nicht mit Ihnen.

Wenn auf diese Weise alte Zuschreibungen und Aufträge hinterfragt worden sind, eröffnet sich auch die Möglichkeit, etwas anderes an ihre Stelle zu setzen und Neues auszuprobieren. So kann mitunter noch in der Mitte des Lebens ein Neuanfang stattfinden – weil ein neuer Weg sichtbar geworden ist. Er war vielleicht schon immer da, aber hinter Schildern und Tafeln versteckt, die in eine andere Richtung wiesen. Nun liegt er offen und kann womöglich doch noch beschritten werden.

SICH VERSÖHNEN

Dieses Beschreiten eines neuen Weges – wie schön, wenn das möglich ist! Aber manches lässt sich natürlich nur in bestimmten Lebensphasen tun und später nicht mehr nachholen. Gerade Frauen erleben diese zeitliche Begrenzung, wenn es um die Frage geht, ob sie Mutter werden wollen oder nicht. Und auch eine früh getroffene Berufswahl lässt sich später nicht immer grundlegend revidieren, wenngleich gelegentlich Geschichten über Menschen – etwa erfolgreiche Manager – durch die Presse geistern, die ausgestiegen sind und nun etwas ganz anderes machen. (Übrigens werden diese einstigen Manager mit ihrer alter-nativen Tätigkeit oft ähnlich erfolgreich wie mit der ersten, weshalb sie dann bald wieder Manager sind …)

Wenn Sie auf Ihrem inneren Pilgerweg an einem solchen Punkt stehen, wenn Sie auf vergangene Weichenstellungen und Entscheidungen zurückschauen und mit ihnen hadern, so versuchen Sie, sich die Gründe für die einst getroffene Entscheidung noch einmal herzuholen. Vergegenwärtigen Sie sich die Person, die Sie damals waren, und versetzen Sie sich in sie hinein. Die folgende Übung leitet dazu an.

Ins einstige Ich schlüpfen

- Nehmen Sie zwei leere Stühle und stellen Sie sie mit etwas Abstand nebeneinander. Der eine Stuhl steht für Ihr heutiges Ich, der andere für Ihr einstiges Ich zu dem konkreten Zeitpunkt, an dem Sie eine Entscheidung getroffen haben, mit der Sie heute hadern.

- Setzen Sie sich zunächst auf den »Heute-Stuhl« und vergegenwärtigen Sie sich, wer Sie heute sind und was Ihr heutiges Leben ausmacht.

- Wechseln Sie dann den Platz und setzen Sie sich auf den »Damals-Stuhl«. Spüren Sie anhand der folgenden Fragen nach (mit »jetzt« ist der damalige Zeitpunkt gemeint): Wie alt bin ich jetzt? In welcher Lebenssituation befinde ich mich privat und beruflich? Welche Themen bewegen mich, welche Notwendigkeiten beeinflussen mich? Was ist mir jetzt am wichtigsten? Was wünsche und hoffe ich für mich?

- Kehren Sie dann auf den »Heute-Stuhl« zurück. Schauen Sie von dort noch einmal auf den »Damals-Stuhl«. Was sehen Sie jetzt dort?

- Setzen Sie sich nun woandershin und schreiben Sie hier auf, was Ihnen auf den beiden Stühlen durch den Sinn gegangen ist.

- Stellen Sie beide Stühle an ihre ursprünglichen Plätze zurück.

Ziel der Übung ist zu verstehen, warum Sie damals diese Entscheidung getroffen haben. Denn dann brauchen Sie nicht mehr mit ihr zu hadern, auch wenn Sie heute anders entscheiden würden. Nicht mehr zu hadern, spart kostbare innere Energie, die Sie für die Gestaltung Ihres heutigen Lebens nutzen können. Denn nur in der Gegenwart

Ein letzter Blick zurück

Sie floh aus der Stadt, zusammen mit ihrem Mann Lot und den Töchtern. Zwei Unbekannte hatten ihnen am Vorabend prophezeit, Gott werde die Stadt vernichten, in der sie lebten, ihre Heimat Sodom und auch das benachbarte Gomorra. So verließen sie Sodom, als die Sonne eben über den Horizont stieg. Die zwei Männer begleiteten sie. Wurden sie deshalb von niemandem bemerkt oder gar aufgehalten? Schnell, nur schnell, da durchs Stadttor hinaus und weiter über die kahle, von wenigen Büschen und Bäumen bestandene Ebene. Hier waren die beiden Männer plötzlich verschwunden. Die Familie hastete allein weiter, Lot voraus, dann die beiden Mädchen und zuletzt sie. Aber mit jedem Schritt, den sie tat, wurden ihr Herz und ihre Beine schwerer. »Wartet, ich kann nicht so schnell«, wollte sie rufen, doch sie brachte kein Wort heraus. In ihrem Rücken war jetzt Donnergrollen zu hören. »Ich kann nicht«, dachte sie und blieb keuchend stehen. Ihr fiel ein, was einer der beiden Männer gesagt hatte: »Schaut nicht zurück!« Aber warum denn nicht? Nur einmal umschauen! Ein letzter Blick auf die Stadt! Sie bückte sich, um ihr Bündel abzusetzen, und im Aufrichten drehte sie sich um. Doch bevor sie die Häuser sehen konnte und den Qualm, der sich darüberlegte, stieg eine fremde Kälte in ihr auf, und sie wusste nichts mehr von sich selbst.

können wir etwas ändern. Und das ist unmöglich in einer Haltung, die ausschließlich im Blick auf die Vergangenheit gefangen bleibt. Die Geschichte von Lots Frau veranschaulicht dieses Gefangensein. Im Zurückblicken ist diese biblische Figur erstarrt. Weil ihre Glieder kalt und schwer wurden, hat sie keine Kraft mehr zum Weiterlaufen. Und womöglich macht jeder, der im übertragenen Sinn pilgernd unterwegs ist, zwischendurch diese Erfahrung: dass er etwas mitschleppt, das sich schwer anfühlt. Wie gut wäre es, wenn sich das ablegen ließe! Aber wo?

DAS CRUZ DE FERRO

Auf dem spanischen Jakobsweg gibt es diesen Ort. Kurz hinter Foncebadón (siehe Seite 65) erhebt sich am höchsten Punkt des Camino Francés ein Steinhaufen mit einem Baumstamm darauf. An den Stamm ist ein Eisenkreuz montiert. Von alters her ist das Cruz de Ferro der Platz, an dem Jakobspilger einen mitgebrachten Stein ablegen. Sinnbildlich legen sie damit ab, was sie an Unerlöstem mit sich herumtragen. Und es ist bestimmt kein Zufall, dass der stetig wachsende Steinhaufen die nächste Station nach Foncebadón ist, jenem Dorf, in dem es mit dem Dunklen zu kämpfen galt. Und auch nicht ganz zufällig ist wohl, dass er sich am höchsten Punkt dieses Pilgerweges befindet, quasi am Wendepunkt: Von nun an wird es leichter, es geht bergab. Die Symbolik des Cruz de Ferro ist allerdings nicht leicht auf das eigene Leben, auf den inneren Pilgerweg zu übertragen. Es wäre naiv zu glauben, mit einer symbolischen Geste ließe sich ablegen, was wir an Last mit uns herumtragen. Das können wir vielleicht durch viel Selbstreflexion und Übungen wie die vorangegangenen. Aber was sicherlich hilfreich ist: sich die Geste des Ablegens in ihrer Bedeutung immer wieder vor Augen zu führen. Im Christentum spricht man davon, das eigene Leben in Gottes Hände zu legen, und damit ist gemeint: alles. Nicht nur das Vorzeigbare, Gute, sondern gerade auch das andere – das, worin wir nicht mit uns im Reinen sind. Wenn Sie für sich eine innere Vorstellung von dieser Geste des Ablegens entwerfen wollen, so können Sie die Bilder nutzen, die die Tradition bereitstellt: den Stein, der unter einem Kreuz auf einen großen Haufen anderer Steine gelegt wird; oder die Last, die wir in andere Hände legen.

ALTE RESSOURCEN
NEU ENTDECKT

Es gibt einzelne Lasten, die sind zu ertragen. Aber wenn sie sich häufen, zum Beispiel als Aneinanderreihung von Schicksalsschlägen, dann wird es zu schwer. Dann schleppen wir so viel mit uns herum, dass wir die Kraft nicht mehr spüren, die wir doch auch besitzen. Aber sie ist immer noch da, und sie kann wiederentdeckt werden.

DEN BLICKWINKEL ÄNDERN

Unsere als positiv empfundenen Eigenschaften sind ein Teil unserer Ressourcen, also der Kraftquellen, aus denen wir leben. Aber nicht nur persönliche Merkmale sind damit gemeint, sondern auch günstige Umstände, unter denen wir leben, und materielle Güter. Im Alten Testament gibt es ein Bild für äußerliche Ressourcen: Das »Land, in dem Milch und Honig fließen«, das dem Volk Israel seit den Tagen Abrahams verheißen wurde. Ebenso kann Immaterielles wie zum Beispiel erworbenes Wissen eine Ressource sein.

Damit eine Ressource als solche wirken kann, müssen wir sie entsprechend bewerten. Das bedeutet, das Gute an einer Sache zu sehen. Gerade bei den persönlichen Eigenschaften erfordert das zuweilen ein richtiges Umdenken, einen Perspektivwechsel. Die Eigenschaft der Neugier zum Beispiel: »Er steckt seine Nase in alles hinein«, würde die negative Beschreibung lauten. »Er interessiert sich für vieles«, würde man positiv formulieren. Oder Genauigkeit: Negativ betrachtet, ist der Betreffende pingelig und kleinkariert. Positiv gewendet, ist er ordentlich und verlässlich. Manchmal macht natürlich die Dosis den Unterschied aus. Wie viel Neugier ist gut, und ab wo kippt es? Wie ordentlich kann jemand sein, ohne dass es in Zwanghaftigkeit umschlägt?

Wie neugeboren

Bianca, eine gelernte Grafikerin, verlor mit Anfang 20 ihre Mutter nach kurzer schwerer Krankheit – ein Schock für sie und für die Familie, denn auf diesen frühen Tod war niemand gefasst gewesen. Im Jahr darauf ging die Liebesbeziehung zu ihrem langjährigen Freund auf schmerzhafte Weise zu Ende. Und schließlich kam noch die berufliche Kündigung dazu, weil ihrem Arbeitgeber ein wichtiger Kunde weggebrochen war. Mit der letzten Energie, die ihr verblieben war, begann die junge Grafikerin frei zu arbeiten. Dabei konnte sie sich auf die bereits gesammelten beruflichen Kontakte als Netzwerk stützen. Die Freiberuflichkeit erlaubte ihr auch, einmal Pausen einzulegen, um neue Kräfte zu sammeln, wenn sie den Eindruck hatte, nicht mehr weiterzukönnen.

Doch obgleich sie auf diese Weise gut auf sich achtete, ging es ihr seelisch immer schlechter. Ihr Selbstbewusstsein war am Tiefpunkt. Da entschloss sie sich zu einer Psychotherapie. In deren Verlauf erkannte sie, dass die Verlusterfahrungen der vergangenen Jahre sich in ihrer Wirkung gegenseitig verstärkt hatten. Der Tod der Mutter, die Trennung von dem Lebensgefährten, mit dem sie seit Jugendtagen eng verbunden gewesen war, und zuletzt die Kündigung ihres Arbeitsplatzes – im Rückblick schien es, als ob immer und immer wieder auf dieselbe Stelle eingeschlagen worden und die Wunde dadurch ständig tiefer geworden wäre, anstatt endlich auch einmal verheilen zu können. Durch die Therapie konnte Bianca die nötige Verarbeitung nachholen.

Schließlich fand sie unter all den Verletzungen und der Trauer diejenige wieder, die sie früher einmal gewesen war: ein Mensch mit eigener Meinung, unabhängig und selbstbewusst, ohne Furcht vor der Zukunft. Diese Wiederentdeckung ihrer jahrelang verschütteten Stärken erlebte Bianca wie eine Neugeburt. Mit Mitte dreißig, so empfand sie dankbar, begann ihr Leben ganz unerwartet noch einmal.

Versuchen Sie doch einmal, ein Bild von sich selbst zu entwerfen, bei dem Sie möglichst viele Ihrer Eigenschaften positiv werten – als Ressource für Ihren inneren Pilgerweg. Seien Sie dabei so richtig unbescheiden. Die folgende Übung hilft Ihnen dabei.

ÜBUNG
Meine Stärken

Notieren Sie zunächst Eigenschaften von sich selbst. Sie können dazu auch die Cluster-Methode verwenden (siehe Seite 38), indem Sie Ihren Namen in die Mitte eines großen Blattes schreiben, Ihre Eigenschaften darum herum.

- Beschreiben Sie für diejenigen Ihrer Eigenschaften, die Ihnen unzweifelhaft positiv erscheinen, auf einem anderen Blatt, in welchem Zusammenhang Sie diese Eigenschaft zuletzt bei sich bemerkt haben. Greifen Sie dabei möglichst auf ein konkretes Ereignis zurück (nach dem Motto »Am vorletzten Dienstag ...«). Wenn Ihnen keines einfällt, können Sie auch allgemeinere Erinnerungen nehmen (»Immer wenn ...«).

- Suchen Sie jetzt bei den Eigenschaften, die Ihnen zwiespältig oder ausschließlich negativ erscheinen, zunächst nach positiven Formulierungen und schreiben Sie sie neben die negativen. Zum Beispiel würde dann neben »hartnäckig« stehen: »ausdauernd, beharrlich, standhaft«. Ein Synonymwörterbuch hilft Ihnen, falls Sie für eine gefundene Formulierung noch treffendere Alternativen suchen.

- Notieren Sie nun auch für diese neu bewerteten Eigenschaften, wann und wie sie Ihnen zuletzt nützlich gewesen sind. Achten Sie im Schreiben darauf, nicht in die negative Bewertung zurückzufallen!

ERINNERN SIE SICH AN DAS GUTE

Nicht nur Eigenschaften und gute äußere Bedingungen sind Ressourcen. Auch Erlebnisse und die Erinnerung an sie können eine Kraftquelle darstellen. Im Alten Testament wird zum Beispiel immer wieder Bezug genommen auf die rettenden Taten Gottes an seinem Volk. »Heilsgeschichte« lautet hierfür der Fachbegriff. Indem die Heilsgeschichte stetig nacherzählt wurde, vergewisserten sich die Menschen, dass sie geborgen waren in der Beziehung zu ihrem Gott. Über dieses Geborgensein definierten sie ihre Identität.

Wie gut sind wir darin geübt, unsere Lebensgeschichte als Heilsgeschichte zu erzählen? Womit nicht mehr unbedingt etwas Religiöses gemeint sein muss, sondern vor allem die Entscheidung für eine Perspektive auf das Gute, auf das Gelungene, auf das Glück. Oft fällt der Blick doch zuerst auf das, was schwierig und problematisch war. Vielleicht ist das so, weil wir unser Leben gern als Fortschrittsgeschichte erzählen wollen, und dann muss logischerweise die Vergangenheit schlechter sein als die Gegenwart. Trotzdem lohnt es sich auch hier, einmal bewusst eine andere Perspektive einzunehmen und gute Erinnerungen zu sammeln. Das gelingt am besten dann, wenn Sie gerade guter Stimmung sind. Denn unsere gegenwärtige Gefühlslage prägt unser Erinnern. Nutzen Sie eine heitere Stimmung und die folgende Übung als Schlüssel für die Tür in die Vergangenheit!

»Gott schenkt uns Erinnerungen, damit wir Rosen haben im Dezember.«

J. M. BARRIE | SCHOTTISCHER SCHRIFTSTELLER (1860 – 1937)

ÜBUNG

Die Sonnenseite des Lebens

Sie können bei dieser Übung mit Papier und Stift arbeiten oder mit Symbol-
gegenständen (Steine, Blüten, Alltagsdinge aus Beruf und Haushalt).

- Ziehen Sie zunächst eine Zeitlinie auf dem Papier – beginnend mit Ihrer
  Geburt bis heute – oder legen Sie ein Seil auf dem Fußboden aus.
- Unterteilen Sie Ihr Leben nach Jahrzehnten oder nach Abschnitten: frühe
  Kindheit, Kindheit, Jugend, junger Erwachsener ...
- Versuchen Sie für jeden Abschnitt mindestens eine gute Situation oder
  Erfahrung in Ihren Erinnerungen ausfindig zu machen. Schreiben oder
  zeichnen Sie diese an den Zeitstrahl oder legen Sie ein Symbol.
- Sie können »Ihre Erinnerungen« im Lauf von ein paar Tagen ergänzen.
- Wenn Sie möchten, schreiben Sie zu einer der gefundenen Erinnerungen
  einen kleinen Text, oder Sie gestalten sie bildnerisch aus.

Bewusst auf das Gute und Gelungene zu schauen, bedeutet natürlich
nicht, alles zu verklären. Was schwierig war und ist, soll auch so
benannt werden dürfen. Aber es soll das Schöne nicht verdecken.
Erst beides zusammen ergibt unseren bisherigen Lebensweg.

DEN ROTEN FADEN SPINNEN

Wenn zwei Menschen einander auf dem realen Jakobsweg begegnen,
so werden sie sicher über diesen Weg miteinander reden – über das,
was sie beim Pilgern erfahren. Doch wenn sie ein längeres Stück

miteinander gehen, dann wird das Gespräch womöglich auch von anderen Dingen handeln – nämlich von ihrem Leben daheim und von dem Lebensweg, den sie jeweils zurückgelegt haben, bis sie diese Pilgerreise antraten. Indem sie aber einander von sich selbst erzählen, schaffen sich die Pilgernden ihre Lebensgeschichte jeweils neu, so wie sie hier und heute für sie stimmig und richtig ist. Wissenschaftler nennen das Bild von sich selbst, das sich jeder im erinnernden Erzählen entwirft, die »Narrative Identität«, vom lateinischen »narrare« – »erzählen«. Man weiß heute, dass Erinnerungen keine objektiven Abbildungen dessen sind, was einst geschehen ist. Sie sind immer gefärbt von der Gegenwart. Was wir uns aus der Vergangenheit ins Bewusstsein rufen, sagt deshalb mehr über unser Hier und Heute aus als über das Damals. Mit Lügen hat das nichts zu tun, denn uns ist nicht bewusst, was wir erinnernd verändern. Und doch tun wir es, zum Beispiel so:

→ **Wir wählen aus.** Je nachdem, wie es uns heute geht und was für uns heute Priorität hat, ist uns aus dem großen Reservoir der Erinnerungen das eine zugänglich und das andere nicht.

→ **Wir verändern.** Im Erinnern geben wir dem einst Erlebten eine Färbung, mit der es besser in das Bild passt, das wir heute von uns selbst und von unserem Lebensweg haben.

→ **Wir verknüpfen.** Zum Beispiel können wir zwei verschiedene Ereignisse in unserer Erinnerung zu einem einzigen verbinden. Oder wir stellen Zusammenhänge her, indem wir bei verschiedenen Erlebnissen eine Gleichartigkeit entdecken, ein Muster, nach dem sie ablaufen. Bei all dem verfahren wir immer so, dass die Gesamtheit einen Sinn für uns ergibt. Unsere Geschichte soll ganz, heil sein. Wir wollen den Zusammenhang sehen, den roten Faden, der sich durch unsere Lebensgeschichte zieht, oder auch die Spur, die wir im Vorwärtsgehen legen. Ein Weg entsteht aus den Schritten, die wir gehen, das gilt ebenso für unseren Lebensweg. Wenn Sie bei Ebbe am Strand gehen, drehen Sie sich einmal um und folgen Sie mit den Augen der Spur, die sich hinter Ihnen in der Ferne verliert. Dies sind Ihre Fußabdrücke, dies ist

Ihre Art, im Gehen dem Boden einen flüchtigen Stempel aufzudrücken. Diese Spur endet bei Ihnen, an Ihrem momentanen Standpunkt. Sie gehört zu Ihnen, Ihr Weg gehört zu Ihnen. In unruhigen Zeiten, wenn Bisheriges schwindet und Neues erst langsam sichtbar wird, gehört die Besinnung auf die eigene Spur, auf den eigenen Weg, zu unseren Ressourcen. Der Weg wird dann zum Band, das uns hält, damit wir nicht verloren gehen. Doch ist diese Verbindung nicht immer gleichermaßen spürbar, und wir müssen den roten Faden zuweilen erst wiederfinden – zum Beispiel durch Erzählen. Wie das funktionieren kann, zeigt die folgende Geschichte.

FALLGESCHICHTE
Lose Enden verknüpft

Jenny, 38-jährige Single-Frau, war aus beruflichen Gründen von Ost- nach Westdeutschland gezogen. An dem neuen Wohnort kannte sie niemanden, alles war neu und ihr bisheriges Leben – so empfand sie – Hunderte Kilometer weit weg. Manchmal schien ihr, als habe sich mit der räumlichen Distanz auch eine inhaltliche Lücke gebildet: Der rote Faden ihres Lebens wirkte wie durchgeschnitten. Das eine Ende hing irgendwo auf dem Weg zwischen Ost und West in der Luft, und am neuen Ort setzte sich der Faden wie aus dem Nichts fort. Jenny wurde schwindlig bei dieser Vorstellung, und sie fragte sich, wie sie den Faden wiederfinden konnte. Doch mit der Zeit schloss sich die Lücke wie von selbst. Je mehr sie am neuen Ort daheim war, je mehr sie dort Beziehungen zu anderen Menschen aufbaute und diesen Menschen auch von sich und ihrem bisherigen Leben erzählte, desto vollständiger fühlte sie sich wieder. Irgendwann hatte sie das Gefühl, nun habe sie das lose Ende von einst zu fassen bekommen und mit der Gegenwart verknüpft. Der Zusammenhang war wieder sichtbar, ihre Lebensspur wieder vollständig geworden.

SICH ZUR ZUKUNFT
HINWENDEN

Unser Weg, der aus der Vergangenheit bis ins Heute führt, setzt sich nach vorn in die Zukunft hinein fort. Mit jedem Schritt gehen wir in diese Zukunft hinein. Und es gehört zu den schönen Ritualen des Pilgerns, dass jemand, der diesen Weg beschreitet, Segenswünsche mitbekommt. Das Ritual des Segnens ist in vielen Religionen bekannt. Im Lateinischen heißt »segnen« »benedicere«, das bedeutet »Gutes zusprechen«. Das deutsche Wort »Segen« stammt vom lateinischen »signum« – »Zeichen«, womit die Geste gemeint ist, die den Segenswunsch begleitet, zum Beispiel das Handauflegen.

UM VERTRAUEN RINGEN

Was bedeutet es, jemandem Gutes zuzusprechen? Dieses Zusprechen ist ein Wunsch, den wir für uns und andere äußern. Wir beziehen uns mit ihm auf eine Macht, die größer ist als wir und von der wir uns gehalten und getragen fühlen – ganz unabhängig von unserem Tun, unserer Leistung. Ein Segen kann nicht erarbeitet werden. Er gilt als Geschenk, und Geschenke können wir nicht erzwingen. Wir können nur um sie bitten. Dass diese Bitte auch drängende Formen annehmen kann, zeigt eine der mystischsten Geschichten des Alten Testaments. Es ist die Geschichte vom Kampf am Jabbok (siehe Seite 84). Sie lässt sich psychologisch deuten: Der unheimliche Fremde, der Jakob hinterrücks ergreift, ist nichts anderes als die Verkörperung der Angst und des Zweifels in Jakobs eigenem Inneren. Denn diese beiden sind des Nachts größer als am Tag. Erst als die Sonne aufgeht, ist das innere Ringen zu Ende. Als Jakob beschließt, den Fluss zu überqueren und weiterzugehen, vertraut er darauf, das Richtige zu tun.

WEISHEITSGESCHICHTE

Gleich wird es hell

Er hatte die anderen wohlbehalten durch die Furt gebracht: Lea, Rahel, die Söhne, die Knechte und Mägde, alle Tiere und fast seinen ganzen Besitz. Jetzt stand Jakob allein am Fluss Jabbok, um ihn mit den letzten Bündeln erneut zu durchqueren. Morgen würde er Esau wiederbegegnen, seinem Bruder, den er vor Jahren um das Erstgeburtsrecht betrogen hatte. Alles war zwischen ihnen möglich – von der Versöhnung bis zum Kampf auf Leben und Tod.

Mittlerweile war es Nacht geworden. Jakob rückte sein Gewand zurecht und wollte eben die Furt betreten, als ihn unversehens von hinten jemand packte. Der Fremde hielt ihn fest umklammert. Jakob wand sich in seinem Griff, es gelang ihm, die Fäuste des Mannes zu lösen, er drehte sich um und nahm nun seinerseits den Kampf auf. Schweigend rangen die beiden. Kein Wort fiel, nur ein Keuchen war zu hören. Erst als der Morgen dämmerte, schien der andere schwächer zu werden. Doch plötzlich spürte Jakob einen heftigen Schlag auf die rechte Hüfte und einen stechenden Schmerz im Gelenk. Er schrie auf und hielt den Unbekannten umso fester. »Lass mich los«, stieß da der Mann hervor, »gleich wird es hell.« »Nein«, keuchte Jakob, »erst wenn du mich gesegnet hast.« Da segnete ihn der Unbekannte und nannte ihn Gottesstreiter, weil er mit Gott und den Menschen gestritten und gewonnen habe. Dann verschwand er wie ein Geist in der Morgendämmerung. Jakob sank zu Boden, in seiner verrenkten Hüfte wühlte der Schmerz. »Ich habe Gott ins Gesicht gesehen und überlebt«, dachte er. Mühsam erhob er sich, um hinkend den Weg fortzusetzen, an dessen Ende Esau wartete.

DEN SEGEN ERBITTEN

Der Segen, den diese alttestamentliche Gestalt sich erringt, er steht für das gewonnene Vertrauen und für die Zuversicht, dass die Dinge gut ausgehen werden. Vertrauen ist kein Wissen. Wer vertraut, der geht innerlich in Vorleistung. Er vertraut sich an. Und Vertrauen ist nötig, um den eigenen Weg zu gehen, denn das Gehen ist immer eine Bewegung in die Zukunft und damit ins Ungewisse hinein.
In diesem Kapitel haben Sie den Weg betrachtet, der hinter Ihnen liegt, mitsamt Ihren Wurzeln, Ihren Lasten und Ressourcen. Am Ende dieser Rückschau, bevor im folgenden Kapitel der Weg in die Zukunft hinein verlängert wird, steht nun die Bitte um den Segen, die ein Ausdruck des Vertrauens in die Zukunft ist. Wo immer Sie gerade auf Ihrem inneren Pilgerweg zwischen Vergangenheit und Zukunft stehen – nehmen Sie sich Zeit für die Segensbitte:

→ Besuchen Sie dazu regelmäßig einen Ort, an dem Sie ungestört sind und sich geborgen fühlen, etwa eine Kirche oder einen Platz in der freien Natur.

→ Formulieren Sie dort im Stillen Ihre Bitte um Vertrauen und Geduld, um Versöhnung mit der Vergangenheit und um Orientierung für die Zukunft. Sie können um alles bitten, was Ihnen wichtig ist. Und schließen Sie auch die Menschen in Ihre Bitte ein, die mit Ihnen unterwegs sind.

→ Sprechen Sie Ihre Bitte im Stillen aus. Sie müssen sie nicht unbedingt an jemand Konkreten richten. Lassen Sie sie aufsteigen in den Raum, der Sie umgibt, wenn Sie sich nun der Zukunft zuwenden.

→ Wenn Sie keine eigenen Worte finden, dann versuchen Sie es mit dieser Formel: »Mehre mein Vertrauen, stärke meine Hoffnung und erneuere meine Liebe.« Sie ist Teil eines traditionellen Segensspruches für Pilger. Nur ist in der ursprünglichen Formulierung vom Glauben statt vom Vertrauen die Rede. Aber diese beiden Haltungen ähneln einander, denn beide sehen sie von Beweisen ab.

WAS UNS VORWÄRTS LOCKT

Was motiviert uns auf unserem Weg? Welche Wünsche bewegen uns? Was zieht uns an wie ein Licht in der Dunkelheit? In Zeiten des Auf- und Umbruchs verändert sich auch der Blick auf unser eigenes Selbst. Wir betrachten unsere Eigenschaften und Fähigkeiten und die Felder, in denen wir sie einsetzen. Dabei entdecken wir neue Spielräume zur Entfaltung und genießen den lebendigen Austausch mit der Welt.

WEGWEISER,
DENEN WIR FOLGEN

»Ultreya!« – »Vorwärts!«, rufen die Pilger auf dem Jakobsweg einander zu. Weiter, immer weiter! Woraus schöpfen sie ihre Energie, was motiviert sie? Wenn sie am Morgen aufbrechen, haben sie ihr Etappenziel vor Augen. Im Gehen begegnen sie ihm auf den Wegweisern mit der stilisierten Jakobsmuschel, die am Wegrand stehen. Dann ist da dieser wunderbare Zustand, der sich unterwegs einstellt: Wenn man eine Weile gegangen ist, entsteht durch das Gleichmaß der Schritte und des Atmens ein Schweben, eine meditative Versenkung. Am Ende des gesamten Wegs schließlich warten Santiago de Compostela und das gute Gefühl, die Strecke tatsächlich bewältigt zu haben. All das zusammen ergibt die Belohnung für die tägliche Anstrengung. Genug Motivation also. Genug, um jeden Morgen trotz schmerzender Glieder wieder loszugehen, Schritt für Schritt – »Ultreya!«
Auf den inneren Pilgerwegen ist die Motivation vielgestaltiger. Sie hängt mit der jeweiligen Ausgangssituation zusammen. Wenn es ein freiwilliger Aufbruch war, etwa aus einer Sehnsucht heraus – sich beruflich verändern zu wollen, eine Familie zu gründen oder sich nach der Familienphase spannenden Aufgaben zu widmen –, dann ist die Motivation deutlich spürbar. Dann beflügelt uns der Blick auf die Etappen und Ziele, die wir vor uns haben, mit jedem einzelnen Schritt, den wir machen. Wenn der Aufbruch aber ungewollt geschah, erzwungen durch äußere Umstände und Ereignisse – wie zum Beispiel durch eine Kündigung, eine Trennung oder einen Unfall –, dann fällt es viel schwerer, sich unterwegs zu motivieren. Dann geht es erst einmal nur ums Durchhalten auf einem eher steinigen Weg, bevor nach einer Weile – nach Wegbiegungen, Steigungen und Senken – wieder eine positive Perspektive in Sicht kommt.

Was also steht auf den Wegweisern, die sich am Rand eines inneren Pilgerwegs befinden? Welche Bedürfnisse, welche Ziele motivieren uns, in Bewegung zu bleiben? (Das Wort »Motivation« kommt vom lateinischen »movere« – »bewegen«.) Der US-amerikanische Psychologe Abraham Maslow fasste die Bedürfnisse, denen wir folgen oder von denen wir angetrieben werden, zu Gruppen zusammen und ordnete sie nach absteigender Dringlichkeit. Das bedeutet: Die zuerst genannte Gruppe muss einigermaßen befriedigt sein, bevor wir uns der nächsten zuwenden können. Die zuletzt von Maslow erarbeitete Fassung umfasst folgende Bedürfnisgruppen:

→ **Körperliche Bedürfnisse** – atmen, essen, trinken, Sexualität, Entspannung.
→ **Bedürfnisse nach Sicherheit** – Ruhe, Angstfreiheit.
→ **Soziale Bedürfnisse** – Kontakt, Zusammengehörigkeit, Bindung, lieben und geliebt werden.
→ **Wertschätzung** – sich selbst mögen und als kompetent erleben und dasselbe auch von anderen erfahren.
→ **Kognitive Bedürfnisse** – Wissen erwerben, Neues erfahren, lernen.
→ **Ästhetische Bedürfnisse** – Ordnung und Schönheit wahrnehmen.
→ **Selbstverwirklichung** – die eigenen Fähigkeiten nutzen, Ziele haben.
→ **Transzendenz** – Spiritualität erleben, den eigenen Platz im Ganzen des Universums spüren.

»Freund, so du etwas bist, so bleib doch ja nicht stehn! Man muss aus einem Licht fort in das andre gehn.«

ANGELUS SILESIUS | DEUTSCHER DICHTER (1624 – 1677)

Es muss übrigens nicht eine Gruppe zu hundert Prozent abgedeckt sein, bevor die Bedürfnisse der nächsten Gruppe erfüllt werden können. Eine lediglich ausreichende Befriedigung auf einer Ebene genügt oft schon, um sich der nächsten zuzuwenden. Wie wichtig welche Bedürfnisse sind, das variiert außerdem von Mensch zu Mensch. Deshalb sollten Sie Ihre persönliche Bedürfnishierarchie anhand der folgenden Übung in den Blick nehmen – so zeigt sich vielleicht ein Wegweiser.

ÜBUNG
Was ich brauche

- Gehen Sie die einzelnen Gruppen der Hierarchie durch und beschreiben Sie für sich, wie die jeweiligen Bedürfnisse in Ihrem Leben konkret befriedigt werden. Prüfen Sie genau, welche Bereiche Ihres Lebens sich in den einzelnen Ebenen wiederfinden. So gehört zum Beispiel zu den körperlichen Bedürfnissen und zur Sicherheit der Bereich der Gesundheit. Manche Lebensbereiche können auf mehreren Ebenen auftauchen, etwa Ihre Arbeit auf den Ebenen Sicherheit, Wertschätzung, kognitive Bedürfnisse.

- Alternativ können Sie umgekehrt verfahren: Notieren Sie zuerst wichtige Bereiche Ihres Lebens – Gesundheit, Beruf, soziales Engagement, Partnerschaft, Genuss, Sport ... – und schreiben Sie jeweils dazu, welche der Maslow'schen Bedürfnisebenen sie berühren.

- Werten Sie Ihre Notizen aus: Gibt es Bedürfnisebenen, die stark vertreten sind? Gibt es andere, die (zu) wenig berücksichtigt sind? Notieren Sie Ihre Wünsche, die sich aus der letzten Frage ergeben haben, und bringen Sie sie in eine Hierarchie: Was ist am wichtigsten? Was folgt?

SICH WÜNSCHE ERFÜLLEN

In der vorhergehenden Übung war zuletzt von Wünschen die Rede.
Denn Bedürfnisse äußern sich als Verlangen oder als Wunsch nach
etwas. Wir empfinden Wünsche und träumen von ihrer Erfüllung.
In unseren Träumen – in Tagträumen und Fantasien – verwandeln
wir unsere Wünsche in Szenen und Geschichten, die von der Erfüllung
handeln: »So wird es sein, wenn …«
Aber wie steht es tatsächlich um die Erfüllbarkeit? Als Kinder hielten
wir erst einmal alles für möglich. Als kleiner Junge wollten Sie vielleicht
Fußballstar werden, als kleines Mädchen Primaballerina. Solche eher
unrealistischen Wünsche verschwanden irgendwann, und je älter wir
wurden, desto mehr passten Wunsch und Wirklichkeit zusammen:
Wenn etwa eine pferdebegeisterte Zwölfjährige davon träumt, Tier-
ärztin zu werden, dann stehen bei guten Schulnoten die Chancen für
die spätere Erfüllung nicht so schlecht.

WUNDER ODER ERGEBNIS?

Heißt das, dass Träume zur Realität passen müssen, um realisierbar
zu werden? Die Frage ist zunächst, was wir als wahrscheinlich ansehen
und was nicht. Vielleicht lässt die Realität ja mehr zu, als wir denken.
Wenn etwas lange Erträumtes eintrifft, sprechen wir zwar gern von
einem Wunder. Aber die Wirklichkeit war nie außer Kraft gesetzt. Sie
umfasste nur mehr Möglichkeiten, als es zunächst den Anschein hatte.
Und was ist mit unserem eigenen Beitrag, den wir zur Erfüllung leisten?
Viele Wünsche definieren wir als Ziele. Ihre Erfüllung gehen wir stra-
tegisch an. Wir sondieren die Wege, die dahin führen könnten, wählen
den erfolgversprechendsten aus und setzen alle Kräfte daran, das Ziel
zu erreichen. Berufe sind ein gutes Beispiel für solche Ziele. Und doch
zeigt sich gerade hier: Damit der Einsatz wirklich zum Ziel führt, ist
oft auch ein Quäntchen Glück nötig – der gute Kontakt oder aber dass
wir einfach zum richtigen Zeitpunkt am richtigen Ort sind.

MUT UND GELASSENHEIT

Bei manchen Wunschträumen ist besonders viel Glück nötig, damit sie in Erfüllung gehen. Trotzdem: Was können wir selbst dazu beitragen, dass sie sich erfüllen – und wie können wir es ertragen, wenn sie unerfüllt bleiben? »Gott, gib mir die Gnade, mit Gelassenheit Dinge hinzunehmen, die ich nicht ändern kann, den Mut, Dinge zu ändern, die ich ändern kann, und die Weisheit, das eine vom anderen zu unterscheiden.« Diese Worte des US-amerikanischen Theologen Reinhold Niebuhr lassen sich gut auf solche Wunschträume beziehen. Wer einen Traum verwirklichen möchte, braucht Mut, aber auch Energie und oft einen langen Atem. Wer einen Traum verabschieden muss, braucht Gelassenheit und darüber hinaus einen weiten Blickwinkel, das bedeutet: die Fähigkeit, mehr als nur diesen einen Wunsch vor Augen zu haben. Beides zusammen – Mut und Gelassenheit – kann uns den Weg weisen.

ERFÜLLUNGSERZÄHLUNGEN VERÄNDERN

Bei manchen Wünschen ist die Grenze zwischen Erfüllbarkeit und Nichterfüllbarkeit nicht ein für alle Mal festgelegt. Vielmehr verschiebt sie sich je nach Alter und Lebensumständen. Freilich: Wenn Träume, die einst unerfüllbar schienen, später doch noch in Erfüllung gehen, sehen sie nicht mehr unbedingt aus wie damals, als sie zum ersten Mal in unserem Bewusstsein erschienen. Ihr Thema ist gleich geblieben, aber die Art und Weise ihrer Verwirklichung hat sich gewandelt. Zum Beispiel kann aus einem einst nicht verwirklichten Berufswunsch später ein intensiv betriebenes Hobby werden. Um ein Bild zu verwenden, das zum Motiv des Gehens und damit des Pilgerns passt: Vielleicht haben Sie vor Jahren an einer Weggabelung gestanden. Sie mussten sich für einen der beiden Wege entscheiden und damit gegen den anderen. Doch kann sich der einst ausgeschlagene Weg später noch einmal

Späte Liebe

Die Gymnasiallehrerin Anna träumte immer davon, Mann und Kinder zu haben. Sie fand jedoch lange Zeit keinen Partner. Beziehungen, die sich ergaben, waren bald wieder vorbei, und die Suche über Dating-Portale, die sie zunächst mit großem Optimismus begonnen hatte, um dem Zufall eine größere Chance zu geben, führte Jahre hindurch zu gar nichts. Annas Stimmung wechselte zwischen Phasen, in denen sie unter ihrer Partner-losigkeit litt, und solchen, in denen sie trotzdem auch das sehen konnte, was gut in ihrem Leben war: Sie hatte Freunde, eine Arbeit, die ihr Anerkennung brachte, sie liebte das Reisen und engagierte sich sozial. In den Phasen, in denen sie stark auf ihren Wunsch fokussiert war, spürte sie selbst den Druck, unter den sie sich setzte. Ein gemütlicher DVD-Abend auf der Couch war ihr dann schon verleidet durch den Gedanken: So kannst du ja auch niemanden kennenlernen. Das ging einige Jahre hindurch so. Anna verdächtigte sich zwischendurch, tief im Inneren gar keine Beziehung zu wollen und sich mit ihrem Wunsch nur selbst zu belügen. Doch in guten Zeiten glaubte sie immer noch daran, dass es sinnvoll sei, aktiv zu werden. Eines Tages dann meldete sie sich bei einem kleineren Portal an. Und dann lernte sie darüber tatsächlich einen Mann kennen, in den sie sich verliebte. Zwei Jahre später heirateten die beiden. Zu dem Zeitpunkt war Anna bereits Ende dreißig. Der Wunsch nach Kindern, der schon in den Hintergrund getreten war, wurde nun wieder wach. Aber seine Erfüllung war kein Muss. Sie und ihr Mann hatten einander gefunden, das war das Wichtigste. Im Rückblick ist Anna überzeugt: Es war gut, das, was sie selbst zur Erfüllung des Wunsches beitragen konnte, getan zu haben. Aber sie ist bis heute dankbar für die Portion Glück, die es eben auch gebraucht hatte. Und sie vergisst nicht, was ihr in den Phasen der Enttäuschung half, sich aufzurappeln: der Blick auf das, was sie trotz allem immer besaß – ihr eigenes reiches Leben.

unserem Hauptweg nähern und fortan als kleiner Pfad nebenher laufen. Wir können hinüberwechseln, eine Weile dort gehen und kehren dann wieder zum Hauptweg zurück. Manchmal ist es sogar möglich, die Spur ganz zu wechseln.

»So wird es sein, wenn ...« – in Träumen und Fantasien erzählen wir uns selbst von der Erfüllung unserer Wünsche. Wenn sich dann ein Wunsch erfüllt hat, werden wir feststellen: Die Realität sieht ein wenig anders aus als die ursprüngliche Erzählung. Bei der Verwirklichung hat sich etwas verändert. Fragen Sie sich doch einmal:

→ Gibt es in meinem Leben Träume von einst, die zunächst unerfüllbar schienen und dann auf andere Weise doch Wirklichkeit geworden sind?

→ Welcher meiner heutigen Träume hat das Potenzial, auf andere Art verwirklicht zu werden, als es auf den ersten Blick naheliegt? Das Resultat und der Weg dorthin lassen sich vielleicht etwas abwandeln. Die erste Antwort kann Ihnen zeigen, dass oft mehr möglich ist, als wir gemeinhin denken, die zweite weist Ihnen vielleicht einen Weg, den Sie noch gar nicht gesehen haben. Um noch deutlicher auszuloten, was Ihnen den Weg weist, empfehle ich Ihnen, ein paar Ergebnisse aus bisherigen Übungen zu vergleichen – eine kleine Zwischenbilanz:

→ Vergleichen Sie den Ertrag der Übung »Was ich brauche« (Seite 90) mit demjenigen aus der Übung »Sich die Zukunft ausmalen« (Seite 45). Finden sich einige Ihrer Bedürfnisse in Ihrer Zukunftsvision wieder? Zum Beispiel das Verlangen nach mehr Sicherheit in der Vision von einem anderen Beruf, einer anderen Arbeitsstelle?

→ Entwerfen Sie für einen wichtigen Wunsch aus der Übung auf Seite 90 (etwa nach mehr sozialen Kontakten) eine konkrete Szenerie nach dem Muster von Seite 45: Malen Sie sich aus, wie der Schauplatz aussieht, was Sie genau tun, mit wem Sie dabei Kontakt haben, was Sie sagen, was Sie hören, riechen, schmecken, wie Sie aussehen und sich fühlen.

→ Nehmen Sie auch den Ertrag der Übung »Meine Stärken« (Seite 78) hinzu und schauen Sie, ob eine Stärke darunter ist, die Sie jetzt besonders benötigen und daher unbedingt einsetzen sollten.

LUST AM NEUEN
UND AN VERÄNDERUNG

Beim Ergründen der eigenen Wünsche, beim Erzählen davon, wie manche von ihnen sich trotz Hindernissen in irgendeiner Form verwirklichen lassen, sind Fantasie und Kreativität gefragt. Die Kreativität ist eine wichtige Ressource bei der Bewältigung von Auf- und Umbrüchen. Man versteht unter Kreativität im Allgemeinen die Fähigkeit, etwas Neues, Originelles, nicht Dagewesenes zu schaffen. Doch in welcher inneren Haltung gelingt uns das am besten?

Was ist Kreativität?

»Kreativität« kommt vom lateinischen »creare« – »schaffen, erschaffen«. Der deutsche Psychiater und Kreativitätsforscher Rainer M. Holm-Hadulla definiert Kreativität als »Fähigkeit, etwas Neues zu schaffen, sei es eine Problemlösung, eine Entdeckung, Erfindung oder ein neues Produkt«. Nach Holm-Hadulla müssen unter anderem folgende Dinge in einem Menschen zusammenkommen, damit dieser kreativ sein kann:

- Begabung auf irgendeinem Gebiet – zum Beispiel Sprache, Logik, Musik, Körper und Bewegung, Zwischenmenschliches ...,

- Neugier, Interesse und Ehrgeiz als motivierende Faktoren,

- Selbstvertrauen, Fantasie sowie die Fähigkeit, sich einer Sache hinzugeben und auch bei Rückschlägen zuversichtlich zu bleiben,

- geeignete Bedingungen in der Umgebung, die es erlauben, die eigene Kreativität zu entfalten.

Das geschieht nicht etwa im fokussierenden, die Sache zuspitzenden Nachdenken. Vielmehr ist hierfür ein Denken notwendig, das in die Breite geht und auch an die Tiefe des Unbewussten anschließt. »Ruhiges, ungerichtetes Denken« nennt Holm-Hadulla (siehe Seite 95) diese Haltung. In ihr können wir besonders gut weit entfernte Areale im Gehirn miteinander verknüpfen – und das wiederum ist bei kreativen Prozessen notwendig. Das Clustering, das Sie in der Übung »Mut-Cluster« (siehe Seite 38) kennengelernt haben, ist ein Beispiel für solch ein Denken in die Breite und Tiefe. Doch der kreative Prozess umfasst noch mehr als nur diese Art des Denkens.

Kreative Einfälle und Lösungen fallen nicht vom Himmel. Sie werden in einem mehrschrittigen schöpferischen Vorgang vorbereitet und umgesetzt. Bei diesem Prozess findet ein ständiger Ausgleich der Gegensätze Chaos und Ordnung statt.

→ Chaos ist nötig, damit Zufälle und Spontaneität eine Chance haben, Neues ins Spiel zu bringen.

→ Ordnung ist nötig, damit das Neue mit dem Bisherigen so verbunden werden kann, dass das Ergebnis funktioniert.

Der kreative Prozess setzt sich aus mehreren Phasen zusammen. Viele Wissenschaftler haben ihn schon beschrieben. Trotz aller Unterschiede zwischen ihnen hat sich dabei das folgende Grundmodell herauskristallisiert, das einem schöpferischen Geschehen zugrunde liegt.

»Man muss noch Chaos in sich haben,
um einen tanzenden Stern
gebären zu können.«

FRIEDRICH NIETZSCHE | DEUTSCHER PHILOSOPH (1844 – 1900)

- → **Vorbereitung**: Wissen und Material wird gesammelt. Unbewusst kann schon ein Bild vom späteren Ziel entstehen.
- → **Reifung**: Dies ist die Phase, in der scheinbar nichts vorwärtsgeht. In Wirklichkeit geschieht aber sehr viel. Das gesammelte Wissen wird in ruhigem, eher ziellosem Denken durchgegangen und neu kombiniert. Wir lassen die Gedanken schweifen, beschäftigen uns zwischendurch mit etwas ganz anderem. Im Unbewussten aber arbeitet es in uns weiter, und irgendwann kommt es zum …
- → **Geistesblitz**: Der zündende Funke stellt sich ein. Er tut dies nicht unbedingt in einem einzigen Mal, sondern oft etappenweise: Die Lösung scheint auf, verschwindet wieder, taucht wieder auf, und irgendwann ist sie so klar und deutlich, dass sie umsetzbar wird.
- → **Verwirklichung**: Der beste Einfall taugt nichts, wenn er nicht in die Wirklichkeit überführt und anschließend durch seinen Schöpfer und auch durch andere aus dessen Umfeld überprüft wird. Dies geschieht in der letzten Phase.

»SCHWANGERE PAUSEN«

Das Modell des kreativen Prozesses ist deshalb so wertvoll, weil es dazu ermutigt, sich bei der Suche nach Lösungen Zeit zu lassen. Schritt für Schritt will dieser Prozess durchlaufen werden. Und besonders in der Phase der Reifung ist es wichtig, sich klarzumachen: Ich bin immer noch unterwegs, auch wenn gerade alles nach Stillstand aussieht. Ich brüte gerade etwas aus, deshalb ist das Ziel noch nicht so deutlich sichtbar. Aber ich bleibe dran, ich gebe mir Zeit und schöpfe die ganze Vielfalt meines Könnens und Wissens, meiner Stärken und Begabungen aus, damit sich aus ihrem Zusammenspiel ein Funke entzündet. In der Schreibforschung wurde ein schöner Begriff für die Reifungsphase kreiert: »schwangere Pause«. Diese Pausen sind keineswegs vergeudete Zeiten. Denn in ihnen entwickelt sich eine Lösung, die am Ende der »Schwangerschaft« geboren wird.

Das können Sie tun, um schwangere Pausen gut zu nutzen und dabei den kreativen Prozess zu unterstützen:

→ Für einen Tag woandershin fahren, um Abstand zu bekommen.

→ Regelmäßig spazieren gehen oder Sport treiben, um durch Bewegung andere Reize zu setzen.

→ Die Perspektive wechseln I: Erzählen Sie sich selbst oder jemand anderem in der dritten Person von Ihrer Situation. Also nicht in Ich-Form, sondern in der Er/Sie-Form.

→ Die Perspektive wechseln II: Überlegen Sie, was Sie einer Freundin oder einem Freund raten würden, wenn er oder sie in einer vergleichbaren Situation wäre wie Sie jetzt.

→ Das Thema bewusst beiseitelegen, wenn Sie damit gerade nicht weiterkommen. Und wenn es sich gleich wieder aufdrängen will, denken Sie: »Jetzt nicht.« Oder: »Morgen wieder.«

→ Erst einmal Dinge erledigen, die klar sind und wenig Überlegung erfordern. Es entlastet, wenn sie abgehakt sind, und in der Zwischenzeit kann das Unbewusste arbeiten. Aber Vorsicht: Dieses Mittel nicht endlos anwenden, sonst kann sich die »Aufschieberitis« einnisten.

MEIN SELBST UND MEINE ROLLEN

Im vorigen Abschnitt klang schon an, dass es hilft, die Perspektive zu wechseln und probeweise einmal von außen auf das Geschehen zu schauen, in das wir gerade verwickelt sind. Aus einem anderen Blickwinkel heraus kommen vielleicht andere Möglichkeiten oder sogar Fähigkeiten in den Blick – solche, die wir auf unserer alten Position nicht wahrnehmen konnten.

Wir alle besitzen nämlich mehr Fähigkeiten, als wir ahnen. Diejenigen, die uns bekannt sind, haben wir gut ausgebildet und lange eingeübt. Wir wissen, dass wir uns meistens oder sogar immer auf sie verlassen können. Aber Fähigkeiten hängen mit den Situationen zusammen, in denen sie benötigt werden. Diejenigen, die wir nicht oder nur selten gebrauchen, können lange schlummern, obgleich sie in uns angelegt sind. Manche Menschen entdecken zum Beispiel ihre Freude am Kochen erst, wenn sie Kinder haben, für deren gesunde Ernährung sie sorgen müssen. Sie werden kreativ und mit der Zeit dann begeisterte und hervorragende Hobbyköche.

WIE VIEL FREIHEIT HAT DER MENSCH?

Jakob Levy Moreno, der Begründer des Psychodramas, hat für die Muster, nach denen wir im Kontext unseres Umfeldes handeln, den Begriff der Rolle geprägt. Er ging davon aus, dass unsere Identität aus der Gesamtheit der Rollen besteht, die wir ausfüllen. Das Wort »ausfüllen zeigt schon: Mit »Rolle« ist kein »So tun als ob« gemeint. Eine Rolle speist sich immer aus beidem: aus den gesellschaftlichen Normen, die uns jeweils beeinflussen, und aus der persönlichen Gestaltung, für die wir einen Spielraum haben. Je nach Rolle sind diese Spielräume kleiner oder größer. Berufsbezogene Rollen sind oft ziemlich normiert und mit kleineren Spielräumen verbunden. Was ein Sachbearbeiter oder eine Physiotherapeutin zu tun haben, ist eher festgelegt. Größere Spielräume gibt es bei Rollen im privaten Bereich wie etwa der Elternrolle. Die Gestaltungsspielräume ermöglichen uns, spontan und damit kreativ zu handeln. Die Normen und Vorgaben vermitteln uns Orientierung und Sicherheit. Wenn sie aber alles beherrschen, wird unser Handeln unspontan, wir fühlen uns dann nicht mehr lebendig, sondern starr und eingeengt.

Wichtig ist außerdem: Wir handeln in unseren Rollen nicht isoliert, sondern immer in Begegnung mit anderen Menschen: Zur Physiotherapeutin gehören die Patienten, zu den Eltern das Kind. Diese zwischenmenschliche Ebene müssen wir einbeziehen, wenn wir über unsere Rollen nachdenken.

Nach Moreno fühlen sich Menschen, die viele verschiedene Rollen ausfüllen, zufriedener im Leben. Allerdings geht dabei Qualität vor Quantität. Die Rollen müssen wirklich ausgefüllt, sie dürfen nicht stereotyp abgespult werden. Auch können verschiedene Rollen miteinander in Widerspruch geraten. Wenn zum Beispiel ein Familienvater seine berufliche Rolle als Führungskraft auf die Familie überträgt, dann erzeugt das unweigerlich Konflikte. In solchen Fällen ist es wichtig, die eigenen Rollen zu klären und auseinanderzuhalten.

Gesamtheit und Gefüge unserer Rollen ändern sich im Lauf des Lebens immer wieder – zum Beispiel durch das Älterwerden oder auch durch äußere Ereignisse. Wenn etwa die Kinder aus dem Haus gehen, tritt die Elternrolle in den Hintergrund – aber wir haben dann auch wieder Freiraum für andere Dinge: die Partnerschaft, ein geliebtes Hobby …

WENN ES KNIRSCHT IM GEFÜGE

Vor allem in Auf- und Umbruchsituationen gerät das Rollengefüge in Bewegung: Lange bestehende Rollen üben Sie nun vielleicht seltener oder gar nicht mehr aus, neue kommen hinzu, oder Sie müssen bisherige Rollen an eine geänderte Situation anpassen. Wie aber können Sie neue Rollen annehmen und gestalten? Da gibt es drei Möglichkeiten:

→ Sie übernehmen eine Rolle, indem Sie die Normen, die durch sie vorgegeben sind, genau befolgen.

→ Sie übernehmen eine Rolle und loten im erprobenden Handeln die Gestaltungsspielräume aus.

→ Sie kreieren eine Rolle im erprobenden Handeln weitestmöglich neu. Wenn Sie an Ihre eigene Ausbildung zurückdenken, so fallen Ihnen sicherlich Parallelen zu diesen drei Möglichkeiten auf: Es gab Normen, an denen Sie sich zuerst ganz und gar orientierten. Aber je sicherer Sie sich fühlten, desto mehr probierten Sie aus. Bis Sie schließlich Ihre ganz eigene Art und Weise fanden, die Rolle auszufüllen.

Und wie ist es jetzt, in der Situation des Auf- und Umbruchs? Anhand des Rollenbegriffs und der folgenden Übung können Sie erkunden, wo Sie auf Ihrem inneren Pilgerweg gerade stehen.

ÜBUNG

Mein Rollenrepertoire

Sie können entweder auf einen großen Bogen Papier schreiben oder auf dem Tisch Symbolgegenstände (Dekomaterial, kleine Gebrauchsdinge ...) und dazu Notizzettel auslegen.

- In die Mitte des Blattes oder Tisches platzieren Sie sich selbst – indem Sie Ihren Namen hinschreiben oder einen Gegenstand legen.

- Drum herum verteilen Sie Ihre Rollen. Die klaren wie »Ärztin« oder »Vater« ebenso wie die weniger fest umrissenen Rollen, die sich aus Eigenschaften und Fähigkeiten ergeben, etwa die Zuhörerin, die Organisatorin, der Witzige ... Je wichtiger eine Rolle ist, desto näher liegt sie an der Mitte.

- Schreiben Sie dann bei jeder Rolle auf dem Papierbogen oder auf Zetteln dazu, mit welchen Menschen Sie dabei Kontakt haben.

- Betrachten Sie das Ganze und werten Sie aus: Erkennen Sie in diesem Rollenrepertoire Ihr derzeitiges Leben wieder? Fragen Sie sich:

- Gibt es Rollen, die in dieser Form nicht mehr richtig zu mir und meiner heutigen Situation passen? Mit wem habe ich in diesen Rollen Kontakt?

- Wie viel »Konserve« (Vorgegebenes, Genormtes, lange Eingeschliffenes) besteht bei den Rollen, in denen ich mich unbehaglich fühle?

- Was müsste sich ändern, damit ich mich wieder wohlfühle?

- Gibt es Bereiche oder Menschen, bei denen ich (noch) keine genaue Vorstellung von der Rolle habe, die ich in Bezug auf sie ausfülle? Wo gehören sie in meinem Rollengefüge ungefähr hin?

- Gibt es Ahnungen oder Wünsche in Bezug auf Rollen, die ich gern ausfüllen würde, zu denen mir aber im Moment der Aktionsbereich und/oder die Partner fehlen? Wo gehören diese Rollen ungefähr hin?

Durch die vorhergehende Übung werden Ihre derzeitigen Rollen sichtbar, und Sie können sehen, wo es gerade knirscht im Gefüge, wo vielleicht Veränderung angesagt ist. Doch erkennen allein genügt nicht: Neue Rollen wollen erprobt werden. Nur dadurch sammeln wir Erfahrungen mit ihnen – körperlich, psychisch und im Kontakt mit anderen. Wenn sich also neue Rollen zeigen, etwa: »Ich möchte mich sozial engagieren«, dann suchen Sie die Gelegenheit dazu – etwa im Flüchtlingsheim oder in der Altenpflege. Oder: »Ich möchte die Tänzerin in mir entdecken.« Dann tun Sie's – egal, wie alt Sie sind!

WEISHEITSGESCHICHTE

Das Wiedersehen

Er stand am Fenster und starrte in den Hof. Gleich müssten sie ankommen, seine elf Brüder und der greise Vater. Früher war er das Nesthäkchen gewesen, verhasst bei den Brüdern, weil er sie immer wieder anschwärzte. Fast hätten sie ihn umgebracht. Aber dann verkauften sie ihn an Händler, die ihn mit nach Ägypten nahmen. Er sah sich wieder als jungen Diener im Haus Potiphars, im Gefängnis und schließlich vor dem Pharao, dem er die Träume deuten sollte. So viele Stationen – darüber war er erwachsen geworden. Jetzt hatte der Hunger die Brüder hierher nach Ägypten getrieben. Sie wussten nicht, dass der oberste Beamte des Pharao, vor den sie gleich treten würden, niemand anderer als Josef war, Vaters Liebling, die verhasste Petze. Aber er war ein anderer heute und niemandes lieber Junge mehr. Josef strich sein Gewand glatt und verließ festen Schrittes den Raum, um seine Brüder zu begrüßen.

GLÜCK IST,
WENN DIE WELT ANTWORTET

Ein Aspekt der Kreativität soll jetzt noch näher betrachtet werden, weil er wichtig ist für die Verwirklichung von Träumen und für ein erfülltes Leben. Zuvor war von der Fähigkeit die Rede gewesen, sich einer Sache hinzugeben (siehe Seite 95). Was ist mit Hingabe gemeint? Sicher zunächst die Bereitschaft, Prioritäten zu setzen und anderes dieser einen Sache unterzuordnen. Hingabe hat also mit Opfern zu tun, die wir um dieses einen Zieles willen bringen.

Aber es steckt noch mehr in dem Wort. Wenn wir mit etwas beschäftigt sind, das uns absolut fasziniert, dann wird für uns diese Tätigkeit auch um ihrer selbst willen wichtig und lohnenswert. Sie wird »autotelisch«, das heißt: Sie bekommt ihren Zweck auch durch sich selbst und nicht nur durch ihr Ergebnis. In solchen Momenten sind wir ganz an unser Tun hingegeben und ohne Gedanken an das Davor oder Danach. Die moderne Psychologie bezeichnet diesen Zustand als Flow.

FLOW: LEIDENSCHAFT GANZ OHNE LEIDEN

»Flow« bedeutet »Fließen«. Der US-amerikanische Psychologe Mihály Csíkszentmihályi hat den Begriff bekannt gemacht und am Beispiel des Risikosports beschrieben: Danach ist Flow der Glückszustand, der entsteht, wenn jemand völlig in das vertieft ist, was er gerade tut. Doch nicht nur Extremsportarten erzeugen einen Flow. Auch ins Spiel vertiefte Kinder sind ein gutes Beispiel für diesen Zustand, der ebenso uns Erwachsenen nach wie vor zugänglich ist. Jeder, der bereits selbst in einem Schaffensrausch war, weiß aus eigener Erfahrung: In solchen Momenten vergessen wir alles um uns herum. Das Gefühl für Raum und Zeit schwindet und ebenso die Sorgen. Noch dazu scheint das, was wir da tun, so leicht zu sein – ganz egal ob wir gerade ein Bild malen, den Teig für einen Kuchen herstellen oder eine Berechnung anstellen. Wir stehen nicht unter Erfolgsdruck, wir dürfen ganz wir selbst sein und uns in unserem Tun ausdrücken. Um es in einer Formel zusammenzufassen: Im Flow erleben wir Leidenschaft, ohne zu leiden. Damit gehört dieser Zustand zu den Dingen, die unser Leben sehr bereichern. Nach dem bisher Gesagten ist jedoch klar, dass er sich nicht herbeizwingen lässt, denn er ist das Gegenteil von Zwang. Aber die Voraussetzungen lassen sich beeinflussen, unter denen ein Flow sich zeigt. In den Schaffensrausch kann sich jeder versetzen, wenn folgende Bedingungen erfüllt sind:

→ Das, was Sie tun, darf weder langweilen (Unterforderung) noch Angst machen (Überforderung). Das heißt, ein wenig Nervenkitzel muss dabei sein, aber ebenso die Zuversicht, dass es zu schaffen ist.

→ Ihre Beschäftigung – sei es eine geistige oder körperliche – lohnt sich für Sie auch um ihrer selbst willen.

→ Sie müssen sich auf Ihre Tätigkeit wirklich konzentrieren können, es darf keine Ablenkung davon geben.

→ Das Ergebnis Ihres Tuns ist nicht erst nach einer Wartezeit erlebbar, sondern sofort. Nur so können die Anstrengung und ihr Ergebnis als ein und dasselbe Ereignis wahrgenommen werden.

Mit diesem Wissen im Hintergrund können Sie nun auf Ihre heutigen und auch auf frühere Tätigkeiten zurückblicken und sich fragen: Wobei empfinde oder empfand ich Leidenschaft? Begrenzen Sie die Frage nicht auf berufliches Handeln oder auf Hobbys, sondern beziehen Sie alles Nennenswerte ein, womit Sie zurzeit beschäftigt sind. Wenn Sie auf Seite 94 Ergebnisse verschiedener Übungen zusammengeführt haben, können Sie diese nun daraufhin betrachten, ob irgendwo ungenutztes Potenzial für Flow enthalten ist. Denn Flow zu erleben, das wird Sie motivieren, Ihren inneren Pilgerweg weiter zu beschreiten und den Wegweisern zu folgen, die an seinen Rändern stehen.

DIE FRAGE NACH DEM SINN

Eng verwandt mit der Leidenschaft, aus der wir leben, ist der Sinn. Wenn wir für etwas eine Leidenschaft verspüren, dann ist das, woran sich die Leidenschaft entzündet, eine Quelle für Lebenssinn. Konkret gesagt: Der Sinn ist der Grund, warum wir jeden Morgen aufstehen, auch wenn wir uns nicht jeden Morgen Gedanken darüber machen. Es gibt Zeiten, in denen stellt sich uns die Sinnfrage überhaupt nicht. Wenn wir sehr viel zu tun haben, uns etwa auf eine Prüfung vorbereiten oder eine andere dringende Aufgabe erledigen müssen, dann schweigt diese Frage. In solchen Situationen geht es einfach nur darum, das jeweils Nächstliegende zu schaffen.

Doch es gibt auch andere Zeiten. Solche, in denen wir innerlich einen Schritt zurücktreten und mit etwas Abstand auf unser Leben schauen. Oder Zeiten, in denen wir unzufrieden sind – mit den Umständen, unter denen wir leben, mit der Arbeit, die wir tun, oder mit etwas anderem. In solchen Zeiten steigen oft Fragen wie die folgenden hoch: Lohnt sich das? Wofür mache ich das eigentlich? Das kann doch nicht alles gewesen sein? Die Situation der Bibliotheksassistentin zum Beispiel (siehe Seite 20), berührte auch die Sinnfrage: Britta war unzufrieden mit ihrer Tätigkeit, sie fühlte sich unterfordert und fragte sich, wozu sie noch jeden Tag in die Bücherei ging. Doch dann sollte sie eine Leseförderaktion konzipieren und eigenverantwortlich betreuen. Kinder im Lesen zu fördern und ihnen damit zu einer Kompetenz fürs ganze Leben zu verhelfen, das war eine lohnenswerte Aufgabe. Die Frage nach dem Wozu hatte eine Antwort gefunden.

KLEINER PHILOSOPHISCHER EXKURS

Das Sinn-Thema gehört seit jeher zum Menschsein dazu: Wir können nicht aktiv sein, wenn uns das »Wozu« fehlt – das Ziel, auf das unser Tun ausgerichtet ist. Der Philosoph Immanuel Kant spricht in diesem Zusammenhang von zwei »Zwecken, die an sich Pflichten sind«:

→ **Die eigene Vollkommenheit** – wir würden heute sagen: die eigene Weiterentwicklung. Das bedeutet: gut für sich selbst sorgen, die eigenen Fähigkeiten ausbilden, ein Wertesystem haben und danach handeln.

→ **Die Glückseligkeit anderer** – wir würden heute sagen: das Wohlergehen anderer. Das bedeutet: andere respektieren und wertschätzen und gut mit ihnen umgehen.

Was aber motiviert uns dazu, diese beiden »Pflichten« zu erfüllen? Wozu arbeiten wir an unserer Weiterentwicklung, und wozu strengen wir uns für das Wohlergehen anderer Menschen an? Kant stellt uns Zufriedenheit als Lohn in Aussicht und malt uns das sogenannte »höchste Gut« aus: Es stellt sich ein, wenn wir etwas schaffen und uns gleichzeitig an dem Geschaffenen freuen – womit er ziemlich genau den Flow-Effekt beschreibt.

Im 20. Jahrhundert wurde Viktor Frankls Antwort auf die Sinnfrage berühmt. Der Arzt Frankl hatte seine Familie und seine Ehefrau im Konzentrationslager verloren und selbst überlebt, indem er sich vornahm, später über die psychischen Auswirkungen der Lagerhaft zu lehren. Er war davon überzeugt, dass der Mensch mithilfe seines Gewissens in jeder Situation einen Sinn finden kann. Selbst im Leiden kann es nach Frankl diesen Sinn geben, indem der Mensch sich in diesen Situationen bewusst zu einer würdevollen Haltung entscheidet. Mit Haltung ist die innere Grundeinstellung gemeint, die unser Denken und Handeln prägt. Es schwingt aber auch die Bedeutung des innerlichen Gefasstseins in dem Wort mit.

Die Frage nach dem Sinn haben wir auch auf unserem inneren Pilgerweg im Gepäck. Oft ist sie es sogar, die den Anstoß zum Losgehen gibt. Sie kann im Lauf des Lebens immer wieder einmal aufbrechen. Und einen Sinn im eigenen Dasein zu finden, das ist wohl mit die stärkste Motivationsquelle beim Vorwärtsschreiten, die es gibt. Mithilfe der folgenden Übung können Sie nun die Themen »Sinn des Lebens« und »Frage nach dem Sinn« auf Ihr eigenes Leben und Ihre aktuelle Situation übertragen.

ÜBUNG

Dem Leben Sinn geben

- Fertigen Sie zunächst ein Cluster (siehe Seite 38) an, bei dem der Sinn im Mittelpunkt steht und alles, was Ihnen dazu einfällt, drum herum.

- Greifen Sie aus Ihrem fertigen Sinn-Cluster die Begriffe heraus, die Sie im Moment besonders ansprechen, und ordnen Sie diesen Begriffen konkrete Situationen aus Ihrem derzeitigen Leben zu.

- Schauen Sie nun, ob bei dem, was Sie gefunden haben, eines oder mehrere der folgenden Stichworte vertreten sind: eigene Weiterentwicklung, Wohlergehen anderer, Schaffensfreude, Wert(e), Haltung, Überzeugung beziehungsweise Glaube. Oder ordnen Sie jetzt den ausgewählten Cluster-Begriffen und Lebenssituationen eines oder mehrere dieser Stichworte zu.

- Vergleichen Sie nun den Ertrag dieser Übung mit dem der Übung »Mein Rollenrepertoire« (siehe Seite 101). Ergänzt sich etwas? Gibt es Widersprüche? Taucht etwas Neues auf? Oder blicken Sie in Ihre Vergangenheit zurück: Gab es Phasen in Ihrem Leben, zu denen Begriffe aus dem Sinn-Cluster passen? Wenn ja: Was war damals anders als jetzt?

- Schreiben Sie zuletzt eine Minute lang auf, was Ihnen bei dieser Übung am wichtigsten war. Schreiben Sie spontan und unzensiert – es liest ja niemand anderer. Dieses One-Minute-Paper hilft, Erkenntnisse zu bündeln.

SICH AUFGEHOBEN FÜHLEN

In den vorhergehenden Abschnitten, in denen von Flow und Sinnstiftung die Rede war, ist es vielleicht schon deutlich geworden: Unser Denken, Fühlen und Handeln findet immer in Bezug auf die Welt statt, in der wir uns befinden. Wir leben unser Leben nicht isoliert von der Welt, sondern im Kontakt, im Austausch. Wir gestalten Beziehungen zu anderen, wir erschaffen Gegenstände, Ideen, Musik, Ereignisse und setzen sie in die Welt. Und wir nehmen die Welt wahr, lassen sie auf uns wirken … So leben wir in Beziehung zur Welt. Eine Beziehung aber beruht auf Gegenseitigkeit, sonst stirbt sie ab. Das bedeutet: Wir brauchen Antwort auf unsere Worte und Taten, auf unser Dasein. Antwort von Menschen und auch von der nichtmenschlichen Welt.

FÜR RESONANZERFAHRUNGEN SORGEN

Der deutsche Soziologe und Politikwissenschaftler Hartmut Rosa hat für diese Art der Antwort den Begriff der Resonanz geprägt. Das Wort kommt vom lateinischen »resonare« – »widerhallen«. Rosa ist überzeugt: Wir können nur leben, wenn wir die Welt immer wieder einmal als »antwortendes, atmendes, tragendes, in manchen Momenten sogar wohlwollendes« Gegenüber erleben. Er führt als Beispiele dafür Erfahrungen mit der Natur und mit der Ästhetik (der Schönheit) in den verschiedenen Künsten an, aber auch religiöse Erfahrungen. Immer da, wo wir die Welt als uns antwortendes »Du« erleben, besteht Resonanz. So können wir etwa in einem Konzert innerlich so mitschwingen, dass es uns ganz erfüllt und wir den Eindruck haben, es bestünden keine Grenzen mehr zwischen uns, der Musik, den Musikern und den anderen Menschen im Publikum. Dasselbe Gefühl einer tiefen Verbundenheit kann sich einstellen, wenn uns ein Buch, ein Film oder eine schöne Landschaft besonders anspricht.

Damit wir Resonanzerfahrungen machen können, so Rosa, müssen wir uns in der Welt und in unserem sozialen Umfeld als heimisch empfinden und die Ideale unserer Gemeinschaft teilen. Dann fühlen wir uns aufgehoben, dann kann ein Gefühl von »Es ist gut, und ich bin es auch« entstehen. Wenn also etwa Klassik nicht Ihre Welt ist, werden Sie in einem Sinfoniekonzert wohl keine Resonanzerfahrung machen – dafür vielleicht bei einem Popkonzert Ihrer Lieblingsgruppe. Wenn Sie

bewusst keiner Kirche angehören, werden Sie wohl kaum im Gottesdienst jene wunderbare Harmonie des Aufgehobenseins erleben –
vielleicht aber in einem Gespräch mit Freunden, bei dem Sie eine
tiefe Übereinstimmung in den Werten und Lebenshaltungen spüren.
Das Erleben von Resonanz ist immer vergänglich, und es lässt sich
nicht künstlich herstellen. Es wird aber auch zunehmend selten in
einer Welt, die ausschließlich auf das immer schnellere Funktionieren
ausgerichtet ist. Die Beschleunigung und Leistungssteigerung, der wir
in allen Lebensbereichen unterworfen sind, tötet die Möglichkeiten der
Resonanzerfahrung mehr und mehr ab. Diese gesamtgesellschaftliche
Entwicklung kann kein Einzelner aufhalten. Weshalb es umso wichtiger
ist, ganz persönlich immer wieder Bereiche aufzusuchen, die nicht
den Gesetzen von Leistung und Beschleunigung unterworfen sind.
»Resonanzoasen« nennt Hartmut Rosa diese Bereiche. Wer etwa den
realen Jakobsweg rein um des Erlebens willen geht und nicht, weil er
damit Leistung erbringen will, der begibt sich in eine Resonanzoase.
Was aber ermöglicht uns in unserem Alltag Resonanzerfahrungen?

→ Die Dinge, die wir zur Erholung tun, sollten wir um ihrer selbst willen
tun und nicht mit dem Hintergedanken, dass wir dadurch unsere
Leistungsfähigkeit wiederherstellen oder steigern.

→ In unseren Arbeitsfeldern können wir darauf achten, dass etwas
zurückkommt: ein greifbares Resultat und/oder ein Feedback. So
erleben wir, dass unser Einsatz etwas bewirkt und wertgeschätzt wird.

→ Wir können auch im Alltag immer wieder bewusst die Uhr anhalten:
nicht hetzen, sondern langsamer machen, wo es möglich ist.

→ Wir können immer wieder solche Erlebnisse suchen, die uns das
Gefühl schenken, mit der Welt im Einklang zu sein.
So wie die Suche nach einem Sinn kann auch die Sehnsucht nach
Resonanzerfahrungen uns dazu motivieren vorwärtszuschreiten.
Richten wir doch unsere Schritte am liebsten dorthin, wo wir uns
aufgehoben fühlen. Und selten sind wir empfänglicher für solch eine
Erfahrung als in der achtsam-offenen Haltung des inneren Pilgerns.

UNSERE WEG-BEGLEITER

Unsere Persönlichkeit formt sich in der Begegnung mit anderen Menschen. Weshalb wir viel über uns selbst erfahren, wenn wir unsere Beziehungen betrachten. Und wir sehen: Das Miteinander ist äußerst vielfältig. Tiefe Verbundenheit gehört ebenso dazu wie das Gefühl von Verlassenheit. Intensive Begegnungen ebenso wie Trennungen und Verluste. Die Auseinandersetzung mit unserem Umfeld und unserem sozialen Netz ist ein wesentlicher Aspekt beim inneren Pilgern.

NIEMAND LEBT
FÜR SICH ALLEIN

Wer ist mit uns unterwegs – auf unserem Lebensweg und auf unserem inneren Pilgerweg? In den vorigen Kapiteln klang es schon an: Wie wir leben, wie wir unsere Fähigkeiten ausbilden und nutzen, das hat auch immer mit den Menschen zu tun, zu denen wir in Kontakt stehen. Wobei diese zwischenmenschlichen Beziehungen ganz unterschiedlich aussehen können: von Liebe oder Freundschaft über geschäftliche, auf dem Tausch von Gütern beruhende Beziehungen bis hin zu solchen, in denen Abneigung oder gar Feindschaft herrscht. Das bedeutet, dass wir den jeweils anderen in unserem Denken, Fühlen und Handeln immer mit im Blick haben. Und wir wiederum sind der Bezugspunkt von Gedanken, Gefühlen und Handlungen anderer. So ergibt sich, da wir in der Regel zu verschiedenen Menschen in Beziehungen stehen, ein vielfältig geknüpftes Netz, in dessen Mittelpunkt wir uns selbst befinden. Die anderen Knotenpunkte sind die beteiligten Personen, die wiederum Mittelpunkt ihres eigenen Netzes sind. Und ganz klar: Von jedem Knoten- und Mittelpunkt aus sieht das Netz anders aus. In den Übungen »Rüsten Sie sich für die Reise« (siehe Seite 17) und »Leitmotive auffinden« (siehe Seite 70) haben Sie Ihr Netzwerk bezogen auf die Vergangenheit betrachtet. Jetzt können Sie mit der folgenden Übung Ihr »soziales Atom« betrachten, wie es sich hier und heute darstellt. Soziales Atom – der Begriff stammt von Jakob Levy Moreno, dem Begründer des Psychodramas (siehe Seite 99). Moreno zufolge kann der Einzelne, das Individuum (lateinisch für »unteilbar«), nicht ohne das Geflecht aus Beziehungen gesehen werden, dessen Mittelpunkt es ist. Und weil zu seiner Zeit das Atom als kleinste Einheit galt, nannte er das Diagramm, das ein Individuum mit dessen Beziehungen als kleinste soziale Einheit abbildet, eben soziales Atom.

ÜBUNG

Mein soziales Atom

- Nehmen Sie ein großes Blatt Papier, am besten quer, und setzen Sie sich durch einen Buchstaben oder ein Strichmännchen ins Zentrum.

- Darum herum ziehen Sie eine Kreislinie. Innerhalb der Linie tragen Sie die Personen ein, mit denen Sie emotional verbunden sind. Wählen Sie den Abstand zum Zentrum (also zu Ihnen) so, wie es Ihnen stimmig erscheint. Sie können auch Verstorbene in das soziale Atom eintragen.

- Um den ersten Kreis ziehen Sie wieder eine Kreislinie. In diesen Bereich tragen Sie diejenigen ein, mit denen Sie oder die mit Ihnen eine Beziehung wünschen, wieder im für Sie jeweils stimmigen Abstand zum Zentrum.

- Ganz außen ziehen Sie einen dritten Kreis. Hier tragen Sie ein, wen Sie sonst noch kennen und wer für Sie irgendeine Bedeutung hat.

- Zwischen Ihnen im Zentrum und den anderen Personen ziehen Sie jeweils Pfeillinien. Durchgezogene Linien stehen für positive Verbindungen, gestrichelte für negative. Bei Verbindungen, die Sie als positiv empfinden, der andere jedoch nach Ihrer Wahrnehmung oder Kenntnis nicht, malen Sie einen gestrichelten Pfeil von der anderen Person zu Ihnen und einen durch-gehenden zur anderen Person (umgekehrt, wenn Sie eine Verbindung als negativ empfinden und vermuten, der andere sehe sie positiv).

- Betrachten Sie dann das fertige Bild und lassen Sie es auf sich wirken. Fragen Sie sich: Was ist wie erwartet? Was ist unerwartet und neu? Wo würde ich gern etwas verändern?

Behalten Sie während dieser Übung im Hinterkopf, dass ein soziales Atom immer das Hier und Heute abbildet, in dem es gezeichnet wurde. Morgen, in einem Monat oder in einem Jahr könnte es wieder anders aussehen.

WAS UNS VERBINDET

Mit Ihrem persönlichen »Atommodell« haben Sie sich einen Überblick über Ihre Beziehungen verschafft. Doch was ist es, das Sie mit anderen Menschen verbindet? Gefühle, werden Sie vielleicht als Erstes sagen. Oder: gemeinsame Erfahrungen. Beides ist richtig. Und beides wächst aneinander. Wenn wir jemandem neu begegnen, entsteht rasch ein erstes Gefühl der Anziehung oder Abstoßung. Bei jedem Wiedersehen verändert es sich. Es wird stärker oder schwächer, je nachdem, was und wie viel wir miteinander und aneinander erleben. So lassen sich gute Beziehungen immer als Geschichten erzählen, die Kapitel um Kapitel wachsen, je älter sie werden. Es ist ein schönes Ritual, etwas aus der jeweiligen Geschichte wachzurufen. »Weißt du noch?«, so lautet das Stichwort. Es ist der Schlüssel zur Schatzkammer gemeinsamer Erlebnisse. Durchstreifen Sie doch einmal Ihr soziales Atom und rufen Sie sich bei verschiedenen Personen ein Kapitel aus Ihrer gemeinsamen Geschichte wach. Vielleicht erinnern Sie sich noch an die erste Begegnung und daran, wie der- oder diejenige damals auf Sie gewirkt hat. Wie hat sich seither das Bild verändert, das Sie von dem oder der Betreffenden haben? Und wie hat sich über die Jahre seine private, seine berufliche Situation verändert? Wenn dieser andere Mensch sein soziales Atom zeichnen würde – wo wären Sie wohl darin angesiedelt? Und was sind Ihre gemeinsamen Themen? Manche davon erschließen sich vielleicht erst aus dem Rückblick.

»Die Freundschaft tanzt um den Erdkreis.«

EPIKUR | GRIECHISCHER PHILOSOPH (341 – 271 v. Chr.)

Vor allem in Zeiten, in denen wir entscheidende Veränderungen durchleben, können wir einem Menschen sehr verbunden sein, der ähnliche Entwicklungsschritte geht. Wenn dann später die Themen auseinanderdriften, kann das solch eine Beziehung auf die Probe stellen. Manche Frauenfreundschaften brechen ab, wenn die eine Mutter wird und die andere nicht – weil beider Alltag auf einmal so unterschiedlich ist. Wenn aber beide akzeptieren, dass die jeweils andere sich verändert, wenn beide darauf achten, die andere weiter miteinzubeziehen und sich auch für deren Alltag weiterhin zu interessieren, dann bleibt die Freundschaft nach wie vor lebendig.

Doch gerade wenn eine Freundschaft das Auseinanderdriften der Themen übersteht, zeigt sich, dass die wirklich tiefen Beziehungen noch eine andere Basis haben. Eine, die vielleicht auf einer ähnlichen Art beruht, die Dinge zu sehen. Auf einem ähnlichen Humor. Und auf einem Interesse an der jeweils anderen Person, das über die gemeinsamen Themen hinausgeht und sich auf das Wesen des anderen richtet. Da kommt man dann an die Grenzen des Erklärens und Begründens. Da zeigt sich: Die wirklich wichtigen und tiefen Beziehungen in unserem Leben sind auch immer ein Geschenk.

DIE LIEBE NÄHREN

Das gilt erst recht für die Liebe. Und doch lohnt es sich, auch Liebesbeziehungen einmal daraufhin zu betrachten, woraus sie leben und was sie nährt. Bei jungen Verliebten ist das »Wir« das große, das einzige Thema. Wenn aus solch einer Liebe eine langjährige Partnerschaft wird, dann müssen immer wieder Veränderungen gemeistert werden. Fragen tauchen auf: Passt der oder die andere noch zu mir und meinem heutigen Lebensentwurf? Passt er oder sie noch zu dem Menschen, der ich heute bin? Wie es gelingt, eine in der Jugend entstandene Liebe nach vielen Jahren und nach einer tiefen Krise zur Basis für etwas ganz Neues zu machen, erzählt das folgende Beispiel.

Wie machen wir weiter?

Johannes und Annika lernten sich mit 19 kennen. Lange Jahre hindurch lebten sie, ausbildungsbedingt, in einer Wochenendbeziehung. Dann heirateten sie und gingen von Süddeutschland in den Norden, weil Annika dort ihren ersten Job bekam, und auch Johannes fand hier bald eine Stelle. Am neuen Wohnort war zunächst alles aufregend. Das Paar erkundete die Ostseeküste, bekam viel Besuch aus der alten Heimat und kaufte schließlich eine Wohnung. Doch allmählich versiegte der Reiz des Neuen. Beide arbeiteten sehr viel, für größere Unternehmungen fehlte die Energie, vielleicht auch der Anreiz. Darüber gingen ihnen nach all den Jahren des Zusammenseins langsam und unbemerkt die Themen aus. »So können wir nicht weitermachen«, sagte Annika sich schließlich und spielte mit dem Gedanken an Trennung. Als ein Eheberater die beiden bei einem Gesprächstermin fragte, wie sie sich ihre Zukunft vorstellten, erkannten sie, was ihnen als Paar fehlte: eine gemeinsame Perspektive. Aber was konnte das sein? Auf einmal tauchte das Thema »Kinder«, auf, das vorher keines gewesen war. Beide spürten immer deutlicher: Von allen Möglichkeiten einer gemeinsamen Zukunft lockte diese sie am meisten. Wenige Jahre später waren sie zu viert. Den Entschluss dazu haben sie nie bereut.

Im Lauf einer jeden Beziehung wechseln die Themen, die den Einzelnen und das Paar beschäftigen. Die Zusammengehörigkeit muss deshalb immer neu aktualisiert werden – in Gefühlen, Gedanken und Taten. Doch das geht im Alltagsstress häufig unter, Unachtsamkeit schleicht sich ein. Wenn Sie immer wieder an Ihrer Liebesbeziehung zweifeln, können Sie mithilfe der folgenden Fragen Ihr Unbehagen konkreter fassen und ergründen, wo sich etwas verändern sollte.

- → Was können Sie gut miteinander – auch jetzt noch (über dieselben Witze lachen, gemeinsam Sport treiben …)?
- → Fühlen Sie sich beim anderen sicher, haben Sie Vertrauen zu ihm?
- → Freuen Sie sich bei dem Gedanken, den Menschen wiederzusehen, mit dem Sie Ihr Leben teilen?
- → Machen Sie gemeinsam Pläne?
- → Gehen Sie gern mit dem anderen als Paar unter Leute?
- → Genießen Sie es, vom anderen umarmt zu werden?
- → Haben Erotik und Sexualität einen Platz in Ihrer Beziehung?
- → Wenn die Antworten Ihre Zweifel an der Beziehung zu nähren scheinen, dann prüfen Sie, ob die Zweifel kleiner werden, wenn Sie im gemeinsamen Alltag konkret etwas ändern. Das ist zwar kein Allheilmittel, kann aber wieder mehr Lebendigkeit in die Liebe bringen.
- → Sprechen Sie mit Ihrem Partner darüber, wie Sie sich Ihre gemeinsame Zukunft vorstellen, und entwerfen Sie einen konkreten Plan (eine große Reise, das Dachgeschoss zum Fitnessraum umbauen …).
- → Womöglich verstellen äußere Probleme die Freude auf das Wiedersehen, dann sollten Sie sie (gemeinsam) lösen. Machen Sie sich aber auch klar, was Ihre Freude am anderen nährt, und »füttern« Sie diese Freude. Wenn Ihnen zum Beispiel die fürsorgliche Art Ihres Partners gefällt, dann lassen Sie sich gelegentlich ruhig umsorgen.
- → Wenn Sie mit Ihrem Partner nicht mehr gern gemeinsam unter Leute gehen, schauen Sie, ob das Unbehagen immer oder nur in bestimmten Situationen auftritt – Sie müssen nicht alles gemeinsam machen. Vielleicht will sich auch Ihr Bild vom Paar-Sein verändern. Dann können Sie auf Ihrer inneren Pilgerreise daran arbeiten, etwa beginnend mit einem Cluster (siehe Seite 38).
- → Wenn Zärtlichkeit und/oder Erotik fehlen, hilft es oft, frühere Rituale wieder aufleben zu lassen oder neue zu entwickeln, die Raum für Körperlichkeit in der Beziehung schaffen (Kerzenlicht, Massage …).
- → Nicht zuletzt steht Ihnen – wie Johannes und Annika – auch professionelle Hilfe zur Verfügung.

ZWISCHEN
NÄHE UND DISTANZ

Wer auf dem realen Jakobsweg unterwegs ist, der begegnet vielen Menschen. Zu manchen entsteht sofort Sympathie, spontane Weggemeinschaften bilden sich. Und weil das Pilgern eine Ausnahmesituation darstellt, sind beide Seiten vielleicht sogar offener miteinander, als sie es daheim in gewohnter Umgebung wären. Sie erzählen einander womöglich mehr über sich selbst, als sie es bei ähnlich kurzer Bekanntschaft im gewohnten Umfeld tun würden.

Wie nah wir jemanden an uns heranlassen, das wird in der Liebe und in Freundschaften, aber auch in Arbeits- und anderen zweckbestimmten Beziehungen immer wieder neu ausgelotet. Es ist gut, in diesen Dingen die eigenen Bedürfnisse zu kennen und die des jeweils anderen zu achten. Das gilt auch und gerade in Umbruchzeiten, in denen wir vielleicht manchmal das Gefühl haben, auf dünnem Eis unterwegs zu sein. Unser Bedürfnis nach Nähe ist ja nicht immer gleich. Manchmal brauchen wir mehr davon, manchmal weniger. Und speziell in Zeiten des Umbruchs können Gefühle der Einsamkeit aufsteigen.

DIE EINSAMKEIT DES ÜBERGANGS

»Was ist nur mit dir los?« Wenn Ihnen die Menschen, mit denen Sie Ihren Alltag teilen, immer öfter diese Frage stellen, so kann das darauf hindeuten, dass Sie gerade einen Veränderungsprozess durchlaufen. In solch einem Prozess entfernen wir uns immer ein wenig von dem, was bislang selbstverständlich war. Wir treten innerlich einen Schritt zurück oder drehen uns in eine andere Richtung, denn unversehens sind wir an einer Kreuzung oder Gabelung angekommen und müssen uns neu ausrichten. Das kann die Menschen um uns herum natürlich irritieren. Und wir selbst fühlen uns in solchen Situationen von den anderen unverstanden, fühlen uns einsamer als sonst.

In allen Kulturen haben sich Rituale entwickelt, die den Übergangszeiten gewidmet sind, die ein Mensch im Lauf seines Lebens durchläuft. Völkerkundler haben diese Rituale vor hundert Jahren erforscht und herausgefunden, dass sie stets drei Phasen abbilden, die dem inneren Prozess entsprechen:

→ die Ablösung von der alten Identität (zum Beispiel: dem Kindsein),
→ die Zwischenphase (im Beispiel: nicht mehr Kind und noch nicht erwachsen sein),
→ die Annahme der neuen Identität (im Beispiel: des Erwachsenseins).

Diese drei Phasen kehren in allen Umbruchsituationen wieder. Sie bilden die Struktur der inneren Pilgerreise und sind folglich auch in Joseph Campbells Modell der Heldenreise erkennbar, das im zweiten Kapitel (siehe Seite 33) als Grundmuster für die innere Pilgerreise vorgestellt wurde: Der Held tritt über die Schwelle und verlässt die alltägliche Welt, oft mit Unterstützung magischer, also für andere unsichtbarer Helfer (Ablösung); er durchwandert ein fremdes und gefährliches Land (Zwischenphase); und schließlich kehrt er verändert heim (neue Identität).

»Was ist nur mit dir los?« So fragen die, die zu unserer alltäglichen Welt gehören. Und wir, die wir in der Zwischenphase stecken und uns gerade selbst ein wenig fremd in unserem Leben fühlen, können vielleicht nur eine Geste machen, die Ratlosigkeit ausdrückt: »Ich kann es nicht sagen, ich weiß es selbst nicht so genau.«

Lassen Sie sich von der Einsamkeit des Übergangs nicht schrecken. Sie gehört zu dieser Phase dazu, und sie wird wieder vergehen, wenn Sie Ihren Weg fortsetzen. Halten Sie besonders gut Ausschau nach einer Herberge am Wegrand, nach einem Ort, der Ihnen Geborgenheit schenkt. Und vielleicht finden Sie ja unterwegs Weggenossen, die jetzt etwas mit Ihnen teilen, was andere nicht nachvollziehen können, weil sie sich nicht in einer solchen Umbruchsituation befinden.

WIE VIEL NÄHE BRAUCHE ICH?

Nähe und Distanz – das ist und bleibt ein wichtiges Thema. Nicht nur in Übergangssituationen, sondern unser ganzes Leben hindurch gestalten wir das Verhältnis von Nähe und Distanz zu anderen Menschen. Wir tun dies räumlich und ebenso innerlich. Diese beiden Ebenen laufen nicht unbedingt synchron. In der Arbeitswelt kann es zum Beispiel viel räumliche Nähe zu Menschen geben, denen wir innerlich fern sind und auch bleiben. Umgekehrt kann ein junger Erwachsener schon früh von daheim ausgezogen und trotzdem noch sehr an seine Eltern gebunden sein. Die räumliche Distanz ist also nicht unbedingt Ausdruck von innerer Nähe oder Ablösung.

DEN ABSTAND RICHTIG GESTALTEN

Unsere Bedürfnisse hinsichtlich Nähe und Distanz, Gemeinsamkeit und Rückzug drücken wir in unserem Verhalten aus, also in Worten und Taten – wobei wir (meist) auch die Bedürfnisse des jeweils anderen mitbedenken. Hier gibt es verschiedene Sprachen. Für den einen sind Worte sehr wichtig, für den anderen zählen Taten mehr – das klassische Paarbeispiel: Sie will reden, er will was tun. Beides kann Ausdruck von Nähe sein, auch wenn es vom anderen vielleicht nicht so empfunden wird. Missverständnisse sind also möglich. Weshalb es wichtig ist, sich auszutauschen, um die Sprache des anderen zu verstehen.

Nähe gestalten wir auch durch das Maß, in dem wir uns anderen öffnen und indem wir sie einladen, sich uns zu öffnen. Man spricht ja davon, sich jemandem anzuvertrauen – also darauf zu vertrauen, dass er treu und verlässlich mit dem umgeht, was er erfährt. Beobachten Sie mal: Menschen, mit denen Sie lieber nicht so eng sein wollen, werden Sie nicht so viel von sich erzählen. Umgekehrt ist der Austausch von Persönlichem ein klares Signal, dass einer am anderen Interesse hat. Wissenschaftler haben festgestellt, dass bei diesem Austausch ein gewisses Gleichmaß eingehalten wird: Erzählst du mir was von dir, so erzähl ich dir was von mir. Ein Fragezeichen könnte also immer dann auftauchen, wenn Sie feststellen, dass Sie gegenüber jemandem vergleichsweise mitteilsam sind, derjenige aber wenig von sich preisgibt – oder umgekehrt. Welches Maß an Offenheit für Sie in Ihren beruflichen und privaten Beziehungen im Moment stimmig ist, können Sie nun mit der folgenden Übung ergründen.

ÜBUNG

Empfangen Sie Gäste

- Entwerfen Sie Ihr ideales Haus mit Flur, Wohnzimmer, Arbeitszimmer, Küche, Bad, Schlafzimmer, Gästezimmer, Hobbyraum, Keller ... Seien Sie großzügig: Richten Sie die Räume und auch den Garten so ein, wie Sie es haben wollen. Zeichnen Sie den Grundriss am besten auf.

- Denken Sie nun an die Menschen, die derzeit in Ihrem Leben eine Rolle spielen. Beantworten Sie bei jedem die Frage: Wo würden Sie diesen Menschen empfangen, und bis wohin würden Sie ihn in Ihrem Haus mitnehmen? Lassen Sie sich Zeit mit der Antwort, stellen Sie sich den Besuch ganz konkret vor. Manche Besucher würden Sie vielleicht schon am Gartentor abfertigen, andere ins Arbeitszimmer bitten, wieder andere bis ins Wohnzimmer mitnehmen. Gibt es jemanden, der Ihr Bad mitbenutzen dürfte? Wer darf bei Ihnen übernachten und in welchem Zimmer?

- Lassen Sie die Ergebnisse auf sich wirken. Was war wie erwartet? Was war neu? Möchten Sie etwas verändern – einen Gast doch weiter hineinbitten, einen anderen lieber wieder hinauskomplimentieren?

VERSTEHEN WIR
UNS RICHTIG?

Es klang schon an: Missverständnisse sind nicht auszuschließen, wenn Menschen miteinander kommunizieren. Denn jeder nimmt die Welt aus seiner Perspektive und vor dem Hintergrund seiner Erfahrungen wahr. Jeder interpretiert die Dinge folglich ein wenig anders. Ein Teufelskreis, dem man nicht entkommt? Nein, man kann es auch so sehen: Ohne Missverständnisse, die wir ausräumen müssten, würden wir vielleicht gar nicht miteinander kommunizieren.

BEWUSST KOMMUNIZIEREN

Probieren Sie doch in einem kleinen Experiment einmal aus, wie unterschiedlich zwei Menschen die Welt sehen:

→ Jeder wählt eine Bildpostkarte aus, die der andere nicht sieht.

→ Setzen Sie sich Rücken an Rücken.

→ Beschreiben Sie Ihrem Mitspieler genau und detailreich, was Sie auf Ihrer Karte sehen. Der andere darf dabei nachfragen.

→ Wenn das Bild ausreichend beschrieben und der andere sicher ist, es gut vor Augen zu haben, zeigen Sie ihm Ihre Karte.

→ Tauschen Sie nun die Rollen und lassen Sie sich von Ihrem Spielpartner sein Bild beschreiben.
Vermutlich waren Sie als Zuhörender überrascht, wie unterschiedlich das Bild in Ihrer Vorstellung und das reale Bild aussahen. Und dabei ging es in dem Versuch noch um etwas, das für jeweils einen sichtbar war. Wie groß müssen dann erst die Unterschiede bei Dingen sein, die nur in der Vorstellung existieren. Gespräche werden nicht selten schwieriger, wenn es um Wünsche und Befürchtungen geht oder aber darum, sich über theoretische und abstrakte Dinge zu verständigen.

Kommunikation, so scheint es, ist eine sehr unübersichtliche Sache, in die vieles hineinspielt, was auf den ersten Blick nicht sichtbar ist. Der Psychologe und Kommunikationswissenschaftler Friedemann Schulz von Thun hat versucht, Ordnung in das Chaos zu bringen, das sich hier auftut: Jede Nachricht enthält vier Seiten, vier Botschaften, so sagt er in seinem berühmten Modell des Kommunikationsquadrats:

→ den Sachinhalt,
→ die Aussage des Sprechers über sich selbst,
→ das Bild, das der Sprecher von der Beziehung zwischen ihm und dem Empfänger der Botschaft hat, und
→ das, was der Sprecher beim Empfänger erreichen möchte.

Damit nicht genug: Auch beim Empfänger der Nachricht gibt es diese vier Seiten. Er hört quasi mit vier Ohren – und nicht immer gewichtet er jede Seite so, wie es der Sprecher/Sender gemeint hat.

Und dann gibt es noch die Ebene des Nichtsprachlichen: den Tonfall, die Mimik, die Gesten. Unnötig zu sagen, dass es die Kommunikation verkompliziert, wenn Sprachliches und Nichtsprachliches nicht zusammenpassen. Das klassische Beispiel geht so:

A (besorgt): »Ist etwas?« B (schmallippig): »Nein, alles in Ordnung.« Natürlich müssen Sie nicht jeden alltäglichen Kontakt ganz bewusst analysieren. Wenn Sie aber bei einem für Sie wichtigen Menschen den Eindruck haben, dass Sie beide oft aneinander vorbeireden, dann lohnt es sich, das eigene Kommunikationsverhalten zu verbessern.

→ Wenn Sie der »Sender« sind, machen Sie sich bewusst: Was genau will ich ausdrücken, und wie tue ich es – in Worten und nonverbal? Was ist der Sachinhalt meiner Aussage? Welche anderen Botschaften schwingen mit – etwa Aussagen über mich, über den anderen? Was will ich beim anderen erreichen?

→ Wenn Sie der »Empfänger« sind: Auf welchem Ohr bin ich besonders sensibel? Höre ich vor allem Aussagen über mich oder über unsere Beziehung heraus? Kann ich hören, was mein Gegenüber in seiner Nachricht über sich selbst aussagt? Bewerte ich vielleicht, noch bevor

ich zu Ende gehört habe? Bastle ich schon innerlich an einer Erwide-
rung, bevor der andere überhaupt zu Ende gesprochen hat? Zeigen Sie
vor allem Ihr Interesse daran, den anderen richtig zu verstehen. Fragen
Sie nach, wenn Sie sich über die Botschaften im Unklaren sind, die Sie
aus einer Nachricht herausgehört haben. Es wird Ihr Gegenüber freuen.

VOM UMGANG MIT KONFLIKTEN

Die Gedanken über bewusstes Kommunizieren bilden auch eine gute
Leitlinie für diejenigen Gespräche, die mit am schwierigsten sind:
Gespräche, mit denen Konflikte geklärt werden sollen. Solche werden
oft in Umbruchphasen und Übergangszeiten notwendig. Denn wenn
sich bei uns etwas verändert, dann verändert sich auch für die Menschen um uns herum etwas. Sie erleben uns von einer neuen Seite:
Vielleicht beanspruchen wir mehr Raum, vielleicht ziehen wir uns
mehr zurück. Vielleicht brechen jetzt Entzweiungen auf, die lange unter
der Decke gehalten wurden. Oder der Wunsch entsteht, langjährige
Auseinandersetzungen zu beenden und Versöhnung zu suchen.
In der Geschichte von Jakobs Kampf am Fluss Jabbok (siehe Seite 84)
geht es um solch einen alten Konflikt: Jakob hatte seinem älteren
Bruder Esau einst übel mitgespielt, hatte sich beim Vater den Segen
für den Erstgeborenen erschlichen und war dann geflohen. Nun kehrte
er zurück und wusste nicht: Wie würde Esau ihm gegenübertreten
(siehe Seite 125)? Esau hätte seinen Bruder nicht umarmen können,
wenn er ihm nicht vergeben hätte. Jakobs Gesten machten es Esau
sicher leichter, ihm zu verzeihen. Aber sichtbar ausgedrückte Reue ist,
wenngleich hilfreich, keine Bedingung fürs Vergeben. Denn das bleibt
eine freie Entscheidung desjenigen, der Opfer war und diese Position
im Vergeben bewusst verlässt. Er wird vielleicht nicht vergessen, was
ihm angetan wurde, aber er wird es dem anderen nicht mehr vorhal-
ten – weder äußerlich noch innerlich. Das ist schwer. Die vergebende
Haltung muss oft immer wieder neu erarbeitet werden.

Hör auf damit!

Esau kam ihm entgegen – mit wohl vierhundert Mann. Ein kleines Heer bewegte sich da auf ihn zu, sein Bruder an der Spitze. Sie waren noch zu weit entfernt, als dass er dessen Gesicht hätte erkennen können. Aber der Mann dort vorn war Esau, ganz sicher. »Bleibt stehen«, wies Jakob seine Familie an. Er wollte alles vermeiden, was sein Bruder als Angriff aus-legen könnte. Die Knechte und das Vieh hatte er vorsorglich hinter der letzten Hügelkuppe zurückgelassen. Unbeweglich stand er nun und blickte Esau entgegen, unbeweglich standen hinter ihm Lea und Rahel, die Mägde und alle Kinder. Da blieben, in einigem Abstand, auch Esau und seine vierhundert Leute stehen. Stille. Schweigen. Ein Schweigen so groß wie der Raum zwischen ihnen, so groß wie – Jakobs Schuld? Da trat Jakob vor und warf sich auf den Boden. Stand wieder auf. Ging ein paar Schritte auf Esau zu. Warf sich hin, stand wieder auf und immer so weiter. Als er zum siebten Mal aufstand, kam Bewegung in Esau. Mit einem Laut wie ein ersticktes Schluchzen lief der Bruder auf ihn zu. »Hör auf damit«, rief Esau, und dann spürte Jakob die Arme des Älteren um sich wie einst, als sie Kinder gewesen waren.

Sicher ist: Erst wenn vergeben wurde, wird Versöhnung möglich. Nun ist in der Geschichte der beiden Brüder die Schuld klar verteilt: Sie liegt auf Jakobs Seite. Solche Konstellationen gibt es immer wieder, zum Beispiel da, wo Menschen ihre Macht gegenüber denen missbrauchen, die ihnen anvertraut wurden. Doch es gibt auch andere Arten von Kon-flikten – die, welche viele Jahre hindurch schwelen und wo sich auf

beiden Seiten einiges an Verletzungen und Missverständnissen ange-
häuft hat. Manchmal weiß man schon gar nicht mehr, wie es los-
gegangen ist, beide Seiten fühlen sich als Opfer und ahnen, dass sie
gleichzeitig auch Täter sind.

Aber unabhängig davon, wie alt eine Entzweiung ist, unabhängig von
der Schuldverteilung – immer ist für die Versöhnung eines nötig: dass
beide Seiten sie wollen. Dass niemand auf seinem Standpunkt beharrt,
sondern wie Jakob, wie Esau, einer auf den anderen zugeht.

Wenn Sie auf Ihrem inneren Pilgerweg an einem Punkt stehen, an dem
es um Versöhnung geht, so können Sie sich jetzt fragen:

→ Was ist das Thema? Was habe ich im Zusammenhang mit dem Konflikt
erlebt? Wie ist meine heutige Sicht darauf? Kann ich dem anderen
vergeben? Oder kann ich ihn um Vergebung bitten und sie annehmen?
Das Ergebnis einer Versöhnung kann sein, dass anschließend jeder in
Frieden seines Weges geht. Oder aber die Beziehung zwischen den
einstigen Konfliktpartnern entwickelt sich im Guten weiter, weil beide
einander eben doch nicht gleichgültig sind. Falls Sie dies in Ihrem
aktuellen Konflikt für möglich halten, so fragen Sie sich zusätzlich:

→ Gibt es etwas, das mich positiv mit dem anderen verbindet? Sehe und
wünsche ich mir eine Zukunft für die Beziehung zwischen uns?
Wählen Sie in Absprache mit Ihrem Konfliktpartner für das klärende
Gespräch einen neutralen Ort und planen Sie genug Zeit ein. Bleiben
Sie bei sich und bei dem, wie es Ihnen erging und ergeht, und sorgen
Sie dafür, dass Sie richtig verstanden werden (siehe Seite 123).
Versuchen Sie auch zu verstehen, wie der andere die Dinge sieht.
Das bedeutet nicht unbedingt Zustimmung. Versöhnung bedeutet,
dass beide Seiten Frieden schließen wollen.

Aber wenn das nicht möglich ist? Dann kann wenigstens eine Versöhnung mit der Situation versucht werden. Das heißt, dem Erlebten
keine weitere Macht mehr über das eigene Leben einzuräumen und
sich positiven Dingen zuzuwenden. Das ist oft nicht leicht – aber wo
es gelingt, bringt es Frieden und eine neue Freiheit.

ABSCHIEDE
UND TRAUER DURCHLEBEN

Es gibt wohl kaum jemanden, der leichten Herzens von Menschen scheidet, die ihm wichtig sind. Manche nehmen deshalb ganz rasch Abschied, wo es möglich ist: Bloß nicht zu lange verweilen, am besten schnell umdrehen und fortgehen. Andere wiederum würden am liebsten die Zeit anhalten und jede Sekunde ins Unendliche dehnen. Auch Pilger auf dem Jakobsweg erleben Abschiede. Manchmal mitten auf der Strecke, wenn sich herausstellt, dass das Tempo nicht zueinanderpasst. Oder aber am Ende des Weges, wenn jeder in seinen Alltag zurückkehrt. Diese Abschiede sind vorgezeichnet, die Beteiligten wissen, dass sie anstehen. Sie können sich darauf vorbereiten und auch überlegen, ob und wie sie künftig miteinander in Kontakt bleiben wollen. Auf dem inneren Pilgerweg ist die Lage – wie fast immer – unübersichtlicher. Vor allem dann, wenn Sie selbst vor der Entscheidung stehen, ob Sie bleiben oder gehen wollen.

BLEIBEN ODER GEHEN?

Abschied ist schwer. Das gilt nicht nur, wenn der andere geht, sondern auch in den Fällen, in denen wir das tun. Woher wissen wir, dass die Entscheidung richtig ist? Wenn wir sie treffen, erleben wir sie als Wagnis. Denn eins ist sicher: Wenn wir uns zu einem Abschied durchringen, werden wir auch etwas verlieren. Wir gewinnen zwar eine neue Freiheit, einen größeren Handlungsspielraum. Aber wir zahlen dafür einen Preis: Wir werden uns vielleicht schuldig fühlen, weil wir anders entschieden haben, als der oder die Betroffene das erhofft hatte. Wir werden uns, wenn wir genau hinschauen und das Gefühl nicht gleich mit Aktivitäten überdecken, auch einsam fühlen. Schreckt uns diese

Aussicht vielleicht so sehr, dass wir doch anders entscheiden? Oder gibt es womöglich auch richtig gute Gründe zu bleiben?

Wenn diese und ähnliche Fragen Sie beschäftigen, versuchen Sie, ehrlich zu sich zu sein. Kehren Sie noch einmal zu den Übungen in diesem Buch zurück, die von Wünschen und Zielen und von Ihrem Beziehungsgeflecht handeln. Vor allem, was Sie in der Übung »Mein Rollenrepertoire« (siehe Seite 101) ergründet haben, kann jetzt erhellend sein. Schauen Sie sich Ihre Notizen an oder holen Sie die Übung jetzt nach. Fragen Sie sich dann:

→ Welche Rollen fülle ich in Bezug auf den oder die Menschen aus, die von meiner Entscheidung betroffen wären? (Listen Sie die Rollen auf.)

→ Was möchte ich in Bezug auf diese Rollen verändern?

→ Was müsste geschehen, damit diese Veränderung möglich wird?
Die Antworten können Ihnen bei der Entscheidung helfen, ob Sie wirklich gehen wollen oder müssen oder ob es vielleicht doch »nur« Veränderungen innerhalb der Beziehungen und Rollen braucht, damit Sie sich wieder wohlfühlen.

SCHMERZLICHER VERLUST

Bei einem Abschied, zu dem wir uns nicht selbst entschlossen haben, spüren wir den Verlust umso schmerzlicher. Wir brauchen Zeit, ihn zu verarbeiten, und sollten uns diese Zeit unbedingt einräumen – am besten mit Unterstützung von Menschen, bei denen wir uns geborgen fühlen. Besonders wenn Sie verlassen wurden, ist es wichtig, sich auch auf die eigenen Stärken zu besinnen (siehe Seite 78), und darauf, dass wir mehr als nur die eine Seite haben, die sich jetzt so wund anfühlt. Mit der nachfolgenden Übung können Sie sich zudem Strategien bewusst machen, die Ihnen bei früheren Verlusten geholfen haben. Auch wenn wir uns in Krisen zuweilen so fühlen, als stünden wir zum allerersten Mal im Leben vor einem solchen Problem: In Wirklichkeit verfügen wir doch über viel Lebenserfahrung – und damit auch über

ÜBUNG

Wie ich Verluste bewältige

Sammeln Sie Ihre persönlichen Verluste, bei denen ein für Sie wichtiger Mensch oder aber ein bedeutsamer Aspekt Ihres Lebens auf irgendeine Weise verloren ging – etwa durch Umzug, Kündigung, Tod. Stellen Sie sich für jeden dieser Verluste die folgenden Fragen:

- Zu welcher Zeit meiner Lebensgeschichte habe ich den Verlust erlebt? Was ist ähnlich, was ist anders als bei denen davor und danach?
- Wer und was hat mir geholfen, den Verlust zu verarbeiten?
- Welche eigene Fähigkeit habe ich dabei neu entdeckt bzw. eingesetzt?
- Was bedeutet der Verlust für meine gegenwärtige Situation?
- Mit welchem Gefühl sehe ich heute auf ihn?
- Schreiben oder malen beziehungsweise zeichnen Sie etwas zu jedem der Ereignisse. Wählen Sie dabei ähnliche Worte, Farben oder Symbole für vergleichbare Aspekte. So werden Wiederholungen deutlicher – und damit zugleich Muster und Potenziale.

Erfahrungen im Umgang mit Krisen, die wir nutzen können. Indem wir uns diese Erfahrungen bewusst machen und dabei vor allem auf unsere Fähigkeiten achten, knüpfen wir an unsere Ressourcen an. Und: Ist in Ihnen bei der Übung die Erinnerung an Menschen wach geworden, die Ihnen durch schwierige Zeiten geholfen haben? Von der Unterstützung, die andere uns in schweren Situationen geben können, und davon, wie auch nach einem großen Verlust die eigenen Kräfte wieder wachsen, handelt die folgende Geschichte.

FALLGESCHICHTE
Wieder helle Pudertöne

Laura und Peter verloren mit Ende 40 die ältere ihrer beiden Töchter, die nach einer längeren Krankheit verstorben war. Über zehn Jahre später erinnert sich Laura an das, was in der allerersten Zeit nach dem Verlust das Wichtigste war: sich die eigene Hilflosigkeit einzugestehen und Hilfe anzunehmen – vor allem diejenige ihrer Freundin Katja. Die sorgte dafür, dass Laura genug aß, ging regelmäßig mit ihr spazieren und hörte der Trauernden immer wieder geduldig zu. Draußen zu sein und das Werden und Vergehen der Natur mitzuerleben, hatte etwas Tröstliches für Laura. Doch jeder trauert anders, das erfuhr die verwaiste Familie bei einer Trauerkur. Sie erwarteten nicht mehr voneinander, dass einer den anderen tröstete. Und alle konnten schließlich akzeptieren, dass die leere Stelle nicht wiederbesetzt würde, die die Verstorbene hinterlassen hatte. Nach außen würde dort nichts mehr wachsen, wohl aber nach innen, in ihren Herzen. Nach etwa drei Jahren begann Laura, ihre gedeckten Kleiderfarben durch helle Pudertöne zu ersetzen – eine Veränderung, die zunächst den Menschen in ihrer Umgebung bewusst wurde und dann erst ihr selbst. Wieder ein paar Jahre später konnte sie auch wieder sehen, was sie an ihrer Tochter gehabt hatte, und nicht mehr ausschließlich nur den Verlust. Und bis heute ist sie ihrer Freundin dankbar für die geduldige Begleitung in der ersten schweren Zeit.

LÄCHELN UNTER TRÄNEN

Der US-amerikanische Psychologe und Resilienzforscher George A. Bonanno sagt, die meisten Menschen können gut auch mit schweren Verlusten umgehen, denn sie sind fähig, Gefühle zu empfinden und auszudrücken – Gefühle des Kummers, aber momentweise auch positive Gefühle der Freude und Heiterkeit.

Freude in der Trauer? Tatsächlich erleben viele Trauernde zwischendurch Momente des Lächelns oder Lachens. Denn die Trauer kommt und geht wellenförmig, und immer, wenn sie gerade wieder geht, treten positive Gefühle an ihre Stelle. Verluste werden Bonanno zufolge denn auch nicht in aufeinanderfolgenden Phasen verarbeitet, die es eine nach der anderen zu durchlaufen gälte. Stattdessen wechseln »verlustbezogene« Prozesse des Trauerns mit »wiederherstellungsbezogenen« Prozessen auf der lebensbejahenden Seite ab. Das seelische Pendel schlägt nach beiden Seiten aus – zu Beginn sehr stark nach der Verlustseite, aber schon bald auch ein wenig auf die andere Seite. Und mit der Zeit werden die Schwingungen flacher, wir kommen wieder in ein Gleichgewicht. Beides zu empfinden, Trauer und Freude, das macht einen Teil unserer psychischen Widerstandskraft aus – unserer Resilienz, so der Fachbegriff –, die uns hilft, mit schweren Krisen fertigzuwerden. Nur wenn sich langfristig kein Gleichgewicht einstellt, ist der Zeitpunkt gekommen, über professionelle Hilfe nachzudenken. Erst einmal jedoch gilt: Wer weint und lacht und wieder weint und wieder lacht, der ist auf einem guten Weg.

SELFIE MIT WEGGEFÄHRTEN

Niemand ist so ganz allein unterwegs. Wo auch immer Sie auf Ihrem inneren Pilgerweg jetzt gerade stehen – rufen Sie sich die Menschen in Erinnerung, mit denen Sie im Guten verbunden sind und die mit Ihnen gehen. Nutzen Sie Geburtstage, um den anderen Ihr Interesse an ihnen zu zeigen. Rufen Sie an, schreiben Sie Mails oder Karten. Beziehungen leben davon, dass man etwas tut – für- und miteinander. Und in Ihrer Fantasie können Sie gelegentlich auch ein Selfie mit Ihren Weggefährten machen: Stellen Sie sich vor, dass sie neben und hinter Ihnen stehen, und drücken Sie rasch auf den imaginären Auslöser. Wer ist auf dem Foto zu sehen? Vielleicht steigt Dankbarkeit auf, wenn Sie die Frage beantworten. Und damit sind wir bei einem ganz besonderen Gefühl, um das es im nächsten Kapitel gehen soll.

AUS DER
DANKBARKEIT
LEBEN

Dankbarkeit ist eine ganz besondere Ressource
und bringt Sonne in unser Leben. Sie verbindet uns im Positiven
mit uns selbst und mit anderen. Sie verändert unseren Blick
auf die Welt und schenkt uns ein besseres Lebensgefühl.
Das Schönste an ihr aber ist: Sie lässt sich einüben und ist somit
immer für uns verfügbar. Der innere Pilgerweg ist eine
gute Gelegenheit, mit dem Üben anzufangen.

GEFÜHL UND
INNERE HALTUNG

Weiter vorne in diesem Buch ist schon einmal von Ressourcen die Rede gewesen (siehe Seite 76) – davon, was uns Kraft gibt. Gute Erlebnisse und die Erinnerung an sie gehören dazu, so hieß es im vierten Kapitel, und die Übung »Die Sonnenseite des Lebens« (siehe Seite 80) hatte Sie angeregt, Ihre persönliche Vergangenheit auf gute Erlebnisse hin anzuschauen. Im Lauf der Übung haben Sie vielleicht ein Gefühl der Dankbarkeit verspürt. Um dieses Gefühl soll es jetzt genauer gehen, denn es birgt eine große Kraft in sich.

Dankbarkeit bezeichnet eine innere Haltung und zugleich ein Gefühl. Oft wird sie zwar nur als Konvention verstanden, denn sie macht einen Teil unseres höflichen Umgangs miteinander aus. Jeder von uns hat sich vermutlich schon aus reiner Höflichkeit bedankt, ohne das entsprechende Gefühl zu verspüren. Das ist auch in Ordnung, weil solche Konventionen das Leben erleichtern. Aber es sollte nicht den Blick auf die echte Dankbarkeit verstellen, denn die ist, als Emotion und innere Haltung, eine wichtige Ressource.

> »Dankbarkeit ist der Himmel selber,
> und es könnte kein Himmel sein,
> gäbe es die Dankbarkeit nicht.«

WILLIAM BLAKE | ENGLISCHER DICHTER (1757 – 1827)

Kraftstoff für die »Big Five«

Wissenschaftler der Universität von Kalifornien fanden durch eine Studie heraus: Menschen, die häufiger und intensiver Dankbarkeit erleben, fühlen sich allgemein besser. Sie können besser mit Problemen umgehen und suchen sich auch eher Hilfe, wenn sie welche brauchen. Die Forscher bezogen sich in ihren Studien auf das bekannte Persönlichkeitsmodell der sogenannten Big Five. Dieses Modell ordnet die Charakterzüge des Menschen nach fünf Kriterien: Neurotizismus (innere Labilität), Extraversion (gesellig sein), Offenheit für Erfahrungen, Gewissenhaftigkeit, Verträglichkeit. Es zeigte sich, dass dankbare Menschen stabiler, extravertierter und auch verträglicher waren als andere. Genug Gründe also, nach mehr Dankbarkeit zu streben. Sie stärkt uns und schenkt uns neue Perspektiven – das macht sie gerade in Umbruchzeiten so hilfreich für uns.

DANKBARKEIT EINÜBEN

Aber geht das überhaupt? Lässt sich Dankbarkeit einüben, und wenn ja, wie? Sicher nicht, indem wir fortan die Welt zwanghaft durch die rosarote Brille sehen und bestehende Probleme ausblenden. Die Frage, die sich gerade an Wendepunkten und in Zeiten der Veränderung verstärkt stellen kann, lautet vielmehr: Wie verträgt sich die Haltung der Dankbarkeit mit den schwierigen Seiten des Lebens?
Interessant ist dafür die Aufgabe, die bei der oben genannten Studie den Probanden gestellt wurde: Sie sollten zehn Wochen lang fünf Dinge aus der jeweils zurückliegenden Woche notieren, für die sie dankbar waren. Bei der Auswertung zeigte sich: Diese Versuchsteilnehmer fühlten sich körperlich besser als die Mitglieder zweier Vergleichsgruppen, die auf Anweisung hin negative oder neutrale Erlebnisse notiert hatten. Die »Dankbaren« machten in dieser Zeit mehr Sport und sahen optimistischer auf das Leben. Dabei ging es ihnen nicht unbedingt

besser, was Gesundheit, materielle Situation oder Ähnliches betraf. Es kam also auf die Haltung an, und die konnte offensichtlich durch bloßes Praktizieren erreicht oder sogar verstärkt werden. Die folgende Übung lädt Sie dazu ein, diesen Praxiseffekt zu nutzen.

ÜBUNG
Wofür sind Sie dankbar?

- Nehmen Sie sich zwei Monate lang einmal in der Woche Zeit für Notizen in ein Dankbarkeitstagebuch: Schreiben Sie jeweils fünf Anlässe aus den vergangenen sieben Tagen auf, für die Sie dankbar sind. Zensieren Sie sich nicht. Die Anlässe können auch winzig oder ganz banal sein (der Anblick einer schönen Blume, der warme Wind im Haar ...).

- Wenn Ihnen die Suche zunächst schwerfällt, so durchstreifen Sie noch einmal die Räume Ihrer Identität (Seite 22) oder betrachten Sie Ihre Stärken und die Sonnenseite Ihres Lebens (Seite 78 und 80). Sie können sich auch Ihr »soziales Atom« noch einmal anschauen (Seite 113).

- Wenn Sie mehr als fünf Anlässe für Dankbarkeit finden, dürfen Sie gern mehr aufschreiben. Aber es sollten mindestens fünf sein.

- Wenn Sie merken, dass Sie sich von Woche zu Woche wiederholen, so macht auch das nichts. Hauptsache ist, dass Sie wirklich Dankbarkeit für das empfinden, was Sie aufschreiben. Die Übung sollte nicht mechanisch oder automatisch ablaufen.

- Wenn das Bedürfnis aufsteigt, öfter etwas ins Dankbarkeitstagebuch zu schreiben, so folgen Sie ihm – bis Sie die Übung täglich praktizieren.

Wenn Sie sich Ihre Notizen anschauen, werden Sie wahrscheinlich feststellen, dass es ganz unterschiedliche Dinge sind, für die Sie Dankbarkeit empfinden. Die Bandbreite reicht sicher von immateriellen und doch so wichtigen Gütern wie Gesundheit, Freundschaften und schönen Erlebnissen bis hin zu kleinen oder großen Geschenken im engeren Sinn. Wir können dankbar sein für eine Genesung und für einen schönen Sonnenaufgang. Für eine halbe Stunde der Ruhe oder dafür, dass der Bus auf uns gewartet hat. Für die Fürsorge anderer, aber auch schlicht dafür, dass wir das letzte Exemplar eines begehrten Konsumartikels ergattert haben.

DANKBAR SEIN – WEM?

Bei manchen Dingen und Erlebnissen wissen wir ziemlich genau, wem wir dafür dankbar sind. Wir verbinden sie mit bestimmten Menschen oder auch Institutionen. Im konkreten Fall können wir unseren Dank dann in Worten und Taten ausdrücken.

Doch es gibt auch andere Konstellationen – solche, bei denen der Ursprung des erfahrenen Glücks und der Adressat, an den wir unseren Dank richten, nicht identisch sind beziehungsweise der Adressat nicht konkret zu fassen ist. Hier rühren wir an die sogenannten »letzten Fragen« – die Fragen nach dem, was nach unserer Überzeugung unser Leben trägt und worauf wir uns gründen. Sie stellen sich immer wieder einmal im Leben und vor allem dann, wenn man auf einem inneren Pilgerweg unterwegs ist – in Situationen des Auf- und Umbruchs, wenn wir Schwellen überschreiten, uns an Kreuzungen entscheiden und dann weitergehen. Auf diese letzten Fragen antwortet jeder ganz persönlich nach seiner eigenen Überzeugung. Und das Thema Dankbarkeit ist ein schöner Anstoß, sich mit ihnen zu beschäftigen.

Wenn Sie mögen, schreiben Sie nun zu jedem Anlass für Dankbarkeit aus der vorhergehenden Übung dazu, wohin Sie jeweils Ihren Dank richten würden – an einen Menschen, eine Institution oder solche großen, letztlich unfassbaren Dinge wie das Schicksal oder aber Gott ...

Zufall? Schicksal? Gott?

Marlies trat nach einer gelungenen Operation dem Förderverein des betreffenden Krankenhauses bei und spendet dort nun regelmäßig. Hier ist beides identisch: die Adresse, der ihre Dankbarkeit gilt, und diejenige, der gegenüber sie ihren Dank durch eine Spende ausdrückt. Marlies spendet aber auch gelegentlich für Hungernde in der Welt und außerdem einem Frauenhaus. Sicher ist sie dankbar dafür, im Wohlstand zu leben und keine Gewalt zu erfahren. Aber wem dankt sie in diesen Fällen wirklich? Wohl nicht der Hungerhilfe oder der sozialen Einrichtung für Frauen mit Gewalterfahrung. Eher schon denjenigen, die sie in der Kindheit so gestärkt haben, dass sie sich selbst ernähren und gut abgrenzen kann. Oder ist sie hier vielleicht dem Zufall dankbar, der sie an ihren Platz im Leben gesetzt hat? Dem Schicksal? Gott?

Freilich gilt auch hier: Die Dankbarkeit muss echt empfunden, sie darf keine formale Sache sein. Denn solche Übungen funktionieren nur durch wahres Erleben. Dankbarkeit verträgt sich nicht mit Zwang.

DANKBARKEIT VERBINDET

Sollen und Müssen erzeugen ungute Gefühle, Dankbarkeit dagegen positive – bei allen Beteiligten. Weshalb man sie auch als soziales Bindemittel ansehen kann, von dem die ganze Gesellschaft profitiert, wie eine US-amerikanische Studie (siehe Seite 135) gezeigt hat: Dankbare Menschen haben ein stärkeres Bedürfnis, sich sozial zu verhalten. Sie haben ein besseres Gespür dafür, was der Beziehung zu anderen Menschen und auch diesen selbst guttut. Noch einmal sei betont: Es geht nicht um Höflichkeit. Nur echt empfundene Dankbarkeit kann uns zu altruistischen Handlungen bewegen.

DANKBAR SEIN – GERADE JETZT?

Doch wie gelingt es, dankbar zu sein, wenn gerade alles schwierig ist? Die Frage ist berechtigt. Denn wir danken nun mal nur für Gutes. Wir sind schließlich keine Masochisten, die dem Schicksal oder wem auch immer die andere Wange hinhalten und sagen: Danke dir, und wenn du magst, schlag noch mal zu. Andererseits zeigen Studien, dass Dankbarkeit nicht an einen besonders glücklichen Lebensverlauf gebunden ist. Wie sieht es also aus mit der Vereinbarkeit von Krisen, Unglück und einer dankbaren Haltung?

Vielleicht lässt es sich so sagen: Weil Dankbarkeit sich auf so vieles richten kann und nicht an den jeweiligen Moment, an die Gegenwart gebunden ist, kann sie auch unter widrigen Umständen bestehen. Sie wird in krisenhaften Situationen vielleicht in den Hintergrund treten, weil alle Aufmerksamkeit und alle Sinne zunächst auf das Ereignis gerichtet sind, das die Lebenskrise ausgelöst hat. Aber mit etwas Abstand wird sie wieder sichtbarer werden. Wie bei Laura (siehe Seite 130), die beim Gedanken an ihre verstorbene Tochter irgendwann auch wieder Dankbarkeit dafür verspüren konnte, dass sie dieses Kind gehabt hatte. Und sicher war sie auch in der Zeit tiefsten Unglücks ihrer Freundin für deren Beistand dankbar. Die Fähigkeit, Dank zu empfinden, war ihr durch das Unglück nicht genommen.

Selbst in problematischen oder krisenhaften Situationen gibt es – vielleicht kleine, vielleicht versteckte – Anlässe für Dankbarkeit. Auch hier gilt natürlich wieder: Da ist kein Muss. Wir sind nicht zur Dankbarkeit verpflichtet und können uns nicht dazu zwingen. Aber wir können die Augen offen halten nach den Menschen und Dingen, die uns gerade jetzt guttun. Wenn wir auf sie unseren Blick richten, wird sich irgendwann auch die Dankbarkeit für sie einstellen. Sie wird sich mit schwierigeren Gefühlen – wie Trauer, Angst, Enttäuschung – nicht um den Platz streiten, sondern sich einfach neben sie stellen – wie ein Sonnenstrahl, der hinter Wolkenbergen aufscheint.

DEN DANK
ZUM AUSDRUCK BRINGEN

Wenn wir unseren Dank ausdrücken, so tun wir es gern in der Weise, dass wir etwas zurückgeben. Nicht unbedingt demjenigen, dem wir dankbar sind, wie das Beispiel von Marlies (siehe Seite 138) gezeigt hat. Aber wir tun doch meist etwas, das in innerem Zusammenhang mit dem steht, wofür wir dankbar sind. Woher kommt das? Was bedeutet es, etwas »zurückgeben« zu wollen? Es scheint ja die Vorstellung dahinterzustecken, dass ein Gleichgewicht hergestellt werden kann und soll. Dass wir mit dem, womit wir beschenkt wurden, ein »Mehr« bekommen haben, das wir ausgleichen wollen. Mehr als … was?

SICH BESCHENKT FÜHLEN

Beobachten Sie mal: Das, wofür Sie wirklich von Herzen dankbar sind, ist oft nichts, worauf Sie einen Anspruch angemeldet hatten. Also nichts, von dem Sie meinten, es stünde Ihnen zu. Unsere Dankbarkeit richtet sich vor allem auf Dinge, die uns in dem Sinn zugefallen sind, dass wir sie nicht durch Planung, Absicht und Vernunft erarbeiten konnten. Wir konnten sie uns zwar wünschen oder heiß ersehnen, wir konnten auch den Boden für sie bereiten und uns für sie einsetzen. Aber dass wir sie bekommen haben, hatten wir letztlich nicht in der Hand – wie das Beispiel von Anna (siehe Seite 93) zeigt, die nach vielem Suchen doch noch ihre große Liebe fand. Das, wofür wir dankbar sind, erleben wir gerade deshalb als Geschenk, weil wir es nicht bewerkstelligen konnten.

Das innerste Motiv der Dankbarkeit ist also, dass wir uns beschenkt fühlen. Wir ahnen: Es ist nicht selbstverständlich, dass wir dieses oder jenes bekommen haben. Der Gedanke erscheint Ihnen vielleicht hart.

Denn er sagt, dass wir kein Anrecht auf das haben, was anderen Leuten oft scheinbar ganz einfach zufällt. Anders ausgedrückt: Es gibt keine Gerechtigkeit. Wer sich zum Beispiel ständig mit Schmerzen herumschlägt, kann sich Schmerzfreiheit noch so sehr wünschen – ein Anrecht darauf hat er aber nicht, auch wenn es ihm körperlich so viel schlechter geht als anderen um ihn herum. Wenn er dann doch einen Weg findet, die Schmerzen in den Griff zu bekommen, wird er dies deshalb als Geschenk empfinden. Oder: Wer sich einen bestimmten Karriereschritt wünscht und auch viel dafür tut, braucht doch ein Quäntchen Glück, um die ersehnte Stelle oder den besonderen Auftrag wirklich zu bekommen. Vielleicht werden Familie und Freunde in beiden Fällen sagen: »Das hast du wirklich verdient.« Aber eigentlich wissen alle: Es ist letzten Endes ein Geschenk.

ETWAS ZURÜCKGEBEN

Aus diesem Gefühl des Beschenktseins heraus entsteht das Bedürfnis, etwas zurückzugeben. Doch in welcher Form? Dabei sind der Fantasie keine Grenzen gesetzt. Versuchen Sie es zum Beispiel so:

→ Denken Sie regelmäßig an einen Menschen, dem Sie wirklich von Herzen dankbar sind.

→ Schreiben Sie demjenigen vielleicht sogar einen Brief.

→ Formulieren Sie, wenn Ihr Dank niemand Konkretem gilt, einen Dankestext wie etwa ein Gebet.

Achten Sie außerdem auf die Gelegenheiten im Alltag, die Ihnen erlauben, Ihr Gefühl des Beschenktseins in Taten münden zu lassen – in Freundlichkeit und Aufmerksamkeiten oder auch in soziales Engagement. Wie gesagt, nicht immer können wir unseren Dank direkt dorthin richten, woher uns das Glück zugefallen ist. Aber wenn wir ihn ausdrücken, in Worten und Taten, dann bedenken wir auch das Woher. Uns wurde etwas gegeben, und nun geben wir etwas weiter. Das ist eine der schönsten Geschichten, die das Leben zu erzählen hat.

VERÄNDERT HEIMKEHREN

Irgendwann kommt der Punkt, an dem wir feststellen:
Etwas ist anders geworden. Wir haben Antworten
auf unsere Fragen gefunden, oder an die Stelle der alten Fragen
sind neue, weiterführende getreten. Wir haben uns selbst
etwas besser kennengelernt und sind nicht mehr dieselben.
All das zeigt Ihnen auch Ihr Pilgertagebuch.
Aber wir bleiben nicht stehen: Wir geben weiter, was wir
erfahren haben, und lernen selbst immer noch dazu.
So sind wir Schritt für Schritt unterwegs zu uns selbst.

AM ENDE
EINER PILGERREISE

Wer den realen Pilgerweg beschreitet, der erkennt an vielen Hinweisen, wenn das Ziel näher rückt. Zunächst einmal wird es einfach voller: Deutlich mehr Leute sind auf der letzten Etappe unterwegs. Und im eigenen Inneren entsteht nun, ganz unerwartet, eine gemischte Gefühlslage. Der Jakobsweg-Pilger Roland Breitenbach erzählt von der Angst vor Enttäuschung, die er empfand: Womöglich würde es am Ziel nicht so werden wie erwartet? Die Verlockung stieg auf, ein paar Tage Rast einzulegen, um das Ende noch ein wenig hinauszuzögern. Ähnlich erging es Hape Kerkeling. Auch ihn und seine zwei Pilgerfreundinnen, die er unterwegs gewonnen hatte, beschlich Angst, als sie sich Santiago de Compostela näherten. Angst vor dem Ankommen, davor, dass der Weg bald zu Ende war.

Am Ende des Jakobsweges wandert man an einem Flughafen vorbei und durch wenig attraktive Vororte. Aber dann geht es durch die Porta do Camino, die Pilgerpforte, in die Altstadt hinein und durch deren Gassen weiter bis unter einen tunnelartigen Torbogen. Diesen Tunnel durchquert der Pilger – und ist sprachlos. Denn vor ihm erstreckt sich der weite Obradoiro-Platz mit der prachtvollen Kathedrale. Was fühlt man in einem solchen Moment? Die Jakobsweg-Pilgerin Andrea Löhndorf erkannte bei ihrer Ankunft am Ziel: Es bringt nichts, auf die besondere Emotion zu warten, die dem großen Augenblick angemessen wäre. Man muss nehmen, was kommt. In ihrem Fall war das eine merkwürdige Traurigkeit – die »Melancholie der Erfüllung«, von der der Philosoph Ernst Bloch in seinem Buch »Das Prinzip Hoffnung« spricht. Sie rührt daher, dass die Sehnsucht im Moment ihrer Erfüllung abstirbt. Nachdem die Melancholie sich gezeigt hat, verschwand sie jedoch und machte einem Glücksgefühl Platz.

Weil in Santiago das Pilgerdasein endet, spricht man seit jeher vom »Pilgertod«, den die Ankömmlinge dort zu durchleiden hätten. Im Christentum ist der Tod aber nicht ohne die Auferstehung denkbar, und diese Zweiheit spiegelt sich auch am Zielort des Jakobswegs wider. Unter dem tunnelartigen Torbogen stirbt das Pilgerdasein ab, und einen entscheidenden Schritt weiter, auf dem Platz vor der Kathedrale, steht der erneuerte Mensch. Er wird diese Verwandlung später zusammen mit vielen anderen in einem Gottesdienst in der Kathedrale feiern.

BILANZ ZIEHEN

Auf dem inneren Pilgerweg liegen die Dinge wieder mal ein wenig anders. Denn was auf dem Jakobsweg die Stadt Santiago de Compostela mit der Kathedrale ist, das ist bei Ihnen … ja, was? Woran merken Sie, dass Sie angekommen sind, dass Ihr Weg ein Ende gefunden hat? Und überhaupt: Was war denn eigentlich Ihr Ziel?
An dieser Stelle lohnt es, Ihr unterwegs angelegtes, ganz persönliches Pilgerarchiv zu öffnen (siehe Seite 29). Im ersten Kapitel hatte ich Ihnen vorgeschlagen, es anzulegen und mit dem zu füllen, was sich im Verlauf Ihres Weges an Notizen und Erinnerungsstücken ansammelt. Zwischendurch nahmen Übungen, Anregungen und Empfehlungen immer mal wieder Bezug auf das, was bereits erarbeitet wurde. Und jetzt ist der Zeitpunkt gekommen, sich das Archiv und damit den zurückgelegten Pilgerweg näher anzuschauen.

»Anfang und Ende sind wohl unter sich verwandt.«

FRIEDRICH RÜCKERT | DEUTSCHER DICHTER (1788 – 1866)

Im ersten Kapitel dieses Buches haben Sie in einer der ersten Übungen das Ziel Ihrer inneren Pilgerreise beschrieben (siehe Seite 26). Sie sollten Ihr Ziel in Worte fassen, ganz gleich ob als Wunsch, als Erkenntnis oder als offene Frage. Dort stand auch, dass es bei inneren Pilgerwegen nicht immer klar ist, worin das Ziel besteht, und die Klärung des Zieles somit schon einen Teil des Weges ausmachen könnte.

Wie war es bei Ihnen? Hatten Sie eher deutlich vor Augen, worum es für Sie ging und wohin Ihr Weg führen sollte? Oder haben Sie dieses Buch mit einem unbestimmten Gefühl des »Etwas soll anders werden« begonnen, ohne genau zu wissen, was sich ändern müsste? Was haben Sie am Anfang notiert und unterwegs vielleicht geändert?

Im weiteren Verlauf dieses Buches haben Sie

→ Ihre Aufbruchsituation (ab Seite 32) näher ergründet …

→ … und die Merkmale des Unterwegsseins (ab Seite 48) betrachtet.

→ Sie haben angeschaut, was Sie aus der Vergangenheit in Ihr heutiges Leben mitgenommen haben (ab Seite 64), …

→ … und sich dann der Zukunft und Ihren mit ihr verbundenen Hoffnungen zugewandt (ab Seite 88).

→ Dabei haben Sie auch die Menschen in den Blick genommen, mit denen zusammen Sie in Ihrem Leben unterwegs sind (ab Seite 112).

→ Und Sie haben mit der Dankbarkeit eine lohnenswerte Perspektive eingenommen (ab Seite 134).

All die genannten Aspekte wurden durch Übungen vertieft. Blättern Sie Ihre Notizen dazu durch oder holen Sie die eine oder andere Übung jetzt auch noch nach. Auf diese Weise können Sie Ihren Entwicklungsprozess Revue passieren lassen.

»Prozess«, das Wort kommt vom lateinischen »procedere«. Es hat viele Bedeutungen: »vorwärtsschreiten« und ebenso »erscheinen«, »Fortschritte machen«, aber auch »glücken«, »Erfolg haben«. All diese Bedeutungen haben etwas mit Bewegung und Veränderung zu tun. Die folgende Übung hilft Ihnen zu prüfen, was sich verändert und entwickelt hat, seit Sie sich auf den Weg gemacht haben.

ÜBUNG

Anfang und Ende sehen

Nehmen Sie die Blätter oder Tagebuchseiten zur Hand, auf denen steht, was Sie beim Lesen des ersten Kapitels zum Thema »Ziel« notiert haben.

- Wie würden Sie das, was Sie damals bewegt hat, heute ausdrücken – genau wieder so oder aber anders? Schreiben Sie auf, was Ihnen dazu jetzt durch den Kopf geht. Alternativ können Sie die Cluster-Methode (siehe Seite 38) anwenden: Greifen Sie ein Schlüsselwort Ihrer damaligen Notiz heraus und sammeln Sie dazu Ihre Assoziationen. Sie können auch Ihre Notizen zum inneren Haus (siehe Seite 22) anschauen oder sich die Situation auf der Schwelle vergegenwärtigen (siehe Seite 36).

- Vergleichen Sie nun Ihre Notizen vom Anfang und die heutigen. Gibt es Unterschiede? Hat sich zum Beispiel etwas von dem, was Sie damals als Bedürfnis oder als Ziel beschrieben haben, erfüllt – womöglich ein wenig anders als erwartet? Würdigen Sie auch vermeintliche Kleinigkeiten. Vielleicht hat sich ein Ziel von damals unterwegs inhaltlich verändert und ein Wunsch einem anderen Platz gemacht. Hat sich eine Frage beantwortet? Oder würden Sie sie heute ganz anders stellen? Formulieren Sie den Unterschied zwischen damals und heute möglichst schriftlich.

- Falls es ein ganz konkretes Ereignis war, weshalb Sie sich damals auf Ihren inneren Jakobsweg begeben haben, so schauen Sie ja mittlerweile aus einem zeitlichen Abstand auf diesen Auslöser. Nutzen Sie daher jetzt noch einmal das Bild des Weges, um sich die etwaige Veränderung zu vergegenwärtigen: Wenn das Ereignis den Beginn Ihres Weges markiert, welche Gefühle bewegen Sie, wenn Sie heute auf das Ereignis schauen? Wichtig auch hier: Es gibt kein Richtig oder Falsch, keine Vorgabe, kein Leistungsdenken. Es geht nur um die Wahrnehmung dessen, was jetzt ist.

VOM WEG ERZÄHLEN

Nachdem Sie auf diese Weise den Anfang Ihres inneren Pilgerweges mit dem heute erreichten Punkt in Beziehung gesetzt haben, können Sie auf die dazwischenliegende Wegstrecke schauen. Die Pilger auf dem realen Jakobsweg machen es genauso. Sie sitzen beieinander und tauschen sich aus: »Das habe ich erlebt, so ist es mir ergangen. Und stell dir vor …« Sicher haben auch Sie etwas über Ihren Weg zu erzählen. Sie können Ihre Erfahrungen mündlich weitergeben an einen Menschen, dem Sie sich gern anvertrauen. Sie können aber Ihre Pilgergeschichte auch aufschreiben und – wenn Sie möchten – mit Zeichnungen oder Fotos illustrieren. Das Erzählen als Geschichte macht Zusammenhänge deutlich und Gefühle bewusst: Aus den vielen Etappen wird ein durchgehender Weg. Hier einige Fragen und Anregungen, die Sie beim Erzählen inspirieren können.

→ Welche der Themen in diesem Buch waren besonders wichtig für Sie? Warum gerade diese? Blättern Sie noch einmal im Inhaltsverzeichnis und in Ihren Notizen.

→ Was ist in Ihrem Leben – womöglich unerwartet – geschehen, seit Sie sich auf den inneren Pilgerweg begeben haben? Welche Situationen haben Sie gemeistert? Und wie haben Sie es getan? Bei der Beantwortung dieser letzten Frage begegnen Ihnen vermutlich Ihre Eigenschaften und Stärken wieder, mit denen Sie sich im Verlauf des Weges ja ebenfalls beschäftigt haben.

→ Sie können auch schauen, ob sich bestimmte Situationen als Schlüsselmomente aneinanderreihen lassen – ob sich also so etwas wie ein Leitmotiv der Ereignisse auf Ihrem Weg zeigt.
Aber vielleicht protestieren Sie ja innerlich schon längst beim Lesen der letzten Seiten. Was, wenn Ihnen im Moment gar nicht danach ist, Ergebnisse zusammenzutragen? Womöglich empfinden Sie den Prozess ja als unübersichtlicher denn je zuvor. Ist der Weg überhaupt zu Ende? Es fühlt sich eventuell gar nicht so an. Und nun?

DER WEG
NACH DEM WEG

Für viele Menschen auf dem realen Jakobsweg endet die Pilgerfahrt tatsächlich in Santiago de Compostela. Aber manche von ihnen – und es werden immer mehr – reisen weiter westwärts, der untergehenden Sonne entgegen bis ans Kap Finisterre (vom lateinischen »finis terrae« – »Ende der Erde«). Hier ist das Land zu Ende. Danach kommt nur noch Wasser, nichts Bewohnbares mehr, so weit das Auge sieht. Der Horizont, hinter dem allabendlich die Sonne verschwindet, und die Frage, was wohl dahinter liegen möge, nährten schon bei den Kelten die Fantasien von einem Weiterleben nach dem Tod auf der Insel der Seligen weit draußen, jenseits dieser Welt. In Kap Finisterre schauen die Pilger von den Klippen aus auf die Weite des Meeres, die sich vor ihnen auftut. Manche verbrennen nach altem Brauch einen Teil ihrer mitgeführten Habe. Und dann kehren sie um. Fahren zurück nach Santiago oder in eine andere Stadt, um den Zug zu nehmen oder den Flieger, der sie nach Hause zurückbringt. Diese schnelle Art der Rückkehr ist relativ neu und den modernen Verkehrsmitteln geschuldet. In früheren Jahrhunderten war das anders. Da ging, wer sein Pilgerziel erreicht hatte, den Weg auf dieselbe Weise wieder zurück. Das dauerte. Und so hatte der Pilger Zeit, alles Erlebte zu verarbeiten und zuletzt auch innerlich wieder daheim anzukommen.

LEBEN IN BALANCE

Ob nun ans Kap Finisterre oder gleich wieder heim – in jedem Fall gibt es also einen Weg nach dem Weg. Aber wenn wir ihn gehen, sind wir nicht mehr dieselben wie vorher. Wir haben uns verändert, haben eine Entwicklung durchgemacht. Weshalb es nicht mehr dasselbe ist, wenn wir wieder an den vertrauten Punkten vorbeikommen – an den alten Problemen, den Themen, den Herausforderungen. Indem Sie einen inneren Pilgerweg gegangen sind, haben Sie Erfahrung dazugewonnen. Und damit begegnen Sie dem Altbekannten auf einer neuen Ebene. Dieser Entwicklungsprozess endet nicht nach einer Pilgerreise, sondern setzt sich ständig fort. Er ist uns nur nicht immer bewusst, denn zwischendurch haben wir auch einfach Alltag und müssen uns um das Nächstliegende kümmern. Aber immer wieder einmal wird uns zu Bewusstsein gebracht: Wir sind unterwegs.

»Zu dir hin hast du uns geschaffen, und unruhig ist unser Herz, bis es ruht in dir.« Das schrieb einst der Kirchenvater Augustinus in seinen berühmt gewordenen »Bekenntnissen«, in denen er auf seinen eigenen Lebensweg zurückblickte. Er sah das ewige Weitermüssen als Grundbestandteil des menschlichen Daseins an und bezog es auf die unstillbare Sehnsucht nach Gott.

WEISHEITSGESCHICHTE
Auf der Durchreise

Ein Tourist suchte eine Übernachtungsmöglichkeit und fand Unterschlupf in einem Kloster. Ein Mönch führte ihn durch die Räume und zeigte ihm die spärlich ausgestattete Zelle, in der er übernachten sollte. Der Mann wunderte sich sehr über die spartanische Einrichtung. »Wo sind denn Ihre Möbel?«, fragte er den Mönch. »Wo sind denn Ihre?«, fragte der zurück. »Aber ich bin doch auf der Durchreise«, erwiderte der Tourist verblüfft. »Eben«, sagte der Mönch und lächelte. »Das sind wir auch.«

Wir Heutige erkennen uns in seinen Worten immer noch wieder – auch wenn manche das Ziel der Sehnsucht vielleicht anders beschreiben würden als der gläubige Kirchenvater. Schon im Wechsel von Sattsein und Hunger findet sich ja diese Unruhe: Wir sind hungrig, wir essen, werden satt, aber irgendwann müssen wir uns um neue Nahrung kümmern. Und vermutlich ist es mit allen wichtigen Zielen im Leben so wie mit dem Hunger und dem Sattsein: Wir spüren einen Mangel, wir setzen unsere Kräfte ein, um ihn zu lindern. Wenn wir das erreicht haben, ruhen wir aus. Darüber vergeht die Zeit. Und wieder müssen wir aktiv werden, um das Ziel aufs Neue zu erreichen. Letztlich geht es um einen Zustand der Balance, der immer neu erarbeitet werden muss.

DAS ZIEL AUFS NEUE PRÜFEN

Wenn Sie Ihre Notizen durchschauen, werden Sie vielleicht Ihr persönliches Grundmuster im Prozess des Werdens und Vergehens, der Aktivität und Ruhe erkennen. Aber das ist eben nur ein Muster. Es kommt darauf an, es immer neu mit Inhalten zu füllen, indem wir fragen: Passt noch zu mir, was ich ersehne? Hat sich etwas verändert, ein Akzent verlagert? Ist etwas hinzugekommen, etwas weggefallen? Im Lauf Ihrer Pilgerreise haben Sie einmal Ihr Rollenrepertoire erkundet (siehe Seite 101). Sie haben angeschaut, welche Rollen Sie derzeit privat und beruflich ausfüllen und welche Sie gern noch ausfüllen möchten. Nicht alle Rollen bleiben für immer aktiv. Manche treten in den Hintergrund, weil wir keine Gelegenheit mehr haben, in ihnen zu handeln. Zum Beispiel die Rolle der Tochter oder des Sohnes: Wenn unsere Eltern gestorben sind, füllen wir diese Rolle nicht mehr aus, wir handeln nicht mehr in ihr. Das Leben selbst schreibt uns diese Entwicklung vor. Wir können sie uns bewusst machen, indem wir immer wieder fragen: Wer war ich einst, wer bin ich jetzt? Wer möchte ich noch sein, was möchte ich noch tun? So prüfen wir unser Ziel immer wieder aufs Neue.

EINE
INNERE PILGERREISE
IM ÜBERBLICK

Wie eine innere Pilgerreise verläuft, hängt vor allem vom konkreten Thema ab.
Dennoch gibt es Stationen, die wohl immer zum inneren Pilgern gehören.
Hier sehen Sie ein Modell mit allen acht Themen des Buches mit passenden,
ausgewählten Übungen.

1. Ausgangssituation

Sie erkennen an kleinen Zeichen im Alltag oder durch
ein Ereignis, dass sich etwas ändern muss.
ÜBUNG: Das innere Haus (Seite 22)

2. Aufbruch

Sie stehen an der Schwelle und wollen nun den
ersten Schritt der Reise tun.
ÜBUNG: Nur keine Schwellenangst (Seite 36)

3. Unterwegs sein

Vieles ist ungewohnt an der neuen Situation.
Das ist gut so, kann aber auch verunsichern.
Übung: Atmen Sie sich ruhig (Seite 57)

4. Rückblick

Wer weiß, woher er kommt, kann seinen Weg umso beherzter fortsetzen.
ÜBUNG: Ins einstige Ich schlüpfen (Seite 73)

5. Weitergehen

Jetzt geht es darum, sich weiterzuentwickeln
und das eigene Potenzial zu entfalten.
ÜBUNG: Was ich brauche (Seite 90)

6. Begegnungen

Niemand ist allein unterwegs, deshalb pflegen
Sie Ihre Beziehungen – alte wie neue.
ÜBUNG: Mein soziales Atom (Seite 113)

7. Dankbarkeit

Sie üben sich in Dankbarkeit, denn beim Pilgern
brauchen Sie den Blick für das Gute im Leben.
ÜBUNG: Wofür sind Sie dankbar? (Seite 136)

8. Angekommen

Sie sind angekommen und ahnen: Ich werde nicht
stehen bleiben, sondern immer weitergehen.
ÜBUNG: Anfang und Ende sehen (Seite 147)

SPUREN,
DIE ICH LEGEN MÖCHTE

Wenn Rollen auch schwächer werden, so wissen wir doch, dass sie einst zu uns gehört haben. Wir haben die Erinnerung an sie gespeichert – körperlich, geistig und in den Dingen, die uns umgeben. Und die Schritte, die wir in diesen Rollen gegangen sind, setzen sich zu einer ganz individuellen Spur zusammen. Wenn wir uns umdrehen auf unserem Weg, sehen wir sie als Linie, die sich in der Ferne verliert. Spuren haben den Vorteil, dass sie auch für andere Menschen sichtbar sind. Nicht für alle natürlich, aber doch für diejenigen in unserer Nähe. Viele Menschen stapfen vielleicht darüber hinweg oder daran vorbei. Aber manche schauen genauer hin, vielleicht weil sie gerade selbst auf der Suche sind. Und wenn es passt, dann gehen sie ein paar Schritte in unseren Fußstapfen oder legen dicht daneben ihre eigene Spur. Und damit ist nun eine Rolle angesprochen, die wir zeitlebens ausüben können: die des Gebenden, des Weitergebenden.

VOM GLÜCK DES WEITERGEBENS

Der Psychoanalytiker Erik H. Erikson hat den Begriff »Generativität« geprägt. Es kommt vom lateinischen »generare« – »erzeugen, erschaffen« und meint unser Bedürfnis, etwas Neues hervorzubringen und damit Bleibendes für die Zukunft zu hinterlassen. Das umfasst ein breites Spektrum: Kinder zu zeugen, allgemein für Jüngere zu sorgen, aber auch Kenntnisse, Fertigkeiten und kulturelle Werte und Werke zu schaffen und anderen zu vermitteln. Erikson sah die Generativität als Merkmal des mittleren Alters. Später fügte er noch den Begriff der Großgenerativität hinzu. Der bezeichnet den speziellen Beitrag, den alte Menschen für ihr Umfeld und die Gesellschaft leisten. Wie schon bei der Dankbarkeit zeigt sich auch hier: Je mehr die Generativität das Verhalten eines Menschen prägt, desto besser geht es ihm. Das belegen US-amerikanische Studien. Wer sein Wissen und Können zugunsten der Gesellschaft und der jüngeren Generationen einbringt, der ist zufriedener und selbstbewusster. Deshalb: Wo auch immer Ihr innerer Pilgerweg Sie hingeführt hat und noch hinführen wird: Nehmen Sie mit, was Sie sich unterwegs an Erkenntnissen, Wissen und Können erworben haben, und freuen Sie sich daran, es weiterzugeben. Jeder, ausnahmslos jeder hat etwas zu geben.

AUSBLICK: SCHRITT FÜR SCHRITT ZU MIR SELBST

Mit jedem Schritt auf dem Weg lernen wir mehr über das Leben und über uns selbst. Aus unseren Wünschen und Sehnsüchten lernen wir und daraus, wie wir sie zu verwirklichen suchen. Auch aus den Begegnungen unterwegs lernen wir. So kommen wir immer mehr zu uns selbst. Wichtig ist dabei, dass wir in Kopf und Herz wach bleiben, unseren Weg immer wieder reflektieren. Mit diesem Buch haben Sie das auf intensive Weise praktiziert – und Sie können es nach Bedarf fortsetzen. Denn jeder Weg beginnt mit einem einzigen Schritt, und jeder Schritt kann der Beginn eines neuen Weges sein.

»Wir stehen an einem Ende, wir sind ein Anfang.«

CHRISTIAN MORGENSTERN | DEUTSCHER DICHTER (1871 – 1914)

BÜCHER UND ADRESSEN,
DIE WEITERHELFEN

BÜCHER

Bonanno, George A.:
*Die andere Seite der Trauer.
Verlustschmerz und Trauma
aus eigener Kraft überwinden.*
Edition Sirius

Breitenbach, Roland: *Pilgern.
Den eigenen Weg finden.*
Herder

Coelho, Paulo: *Auf dem
Jakobsweg. Tagebuch einer
Pilgerreise nach Santiago de
Compostela.* Diogenes

Drouve, Andreas: *Geheim-
nisse am Jakobsweg.* Tyrolia

Emmons, Robert A.:
Vom Glück, dankbar zu sein.
Campus

Frankl, Viktor: *Der Mensch
vor der Frage nach dem
Sinn. Eine Auswahl aus dem
Gesamtwerk.* Piper

Holm-Hadulla, Rainer M.:
*Kreativität. Konzept und
Lebensstil.* Vandenhoeck &
Ruprecht

Kast, Verena: *Trotz allem Ich.
Gefühle des Selbstwerts und
die Erfahrung von Identität.*
Herder

Kerkeling, Hape: *Ich bin
dann mal weg. Meine Reise
auf dem Jakobsweg.* Malik

Löhndorf, Andrea: *Anleitung
zum Pilgern. Ein Lebens-
begleiter.* dtv

Lutz, Barbara; Schlüter,
Christiane: *Atmen in Balance.*
Knaur MensSana

Rico, Gabriele L.: *Garantiert
schreiben lernen.* Rowohlt

Rosa, Hartmut: *Welt-
beziehungen im Zeitalter der
Beschleunigung. Umrisse einer
neuen Gesellschaftskritik.*
Suhrkamp

Schulz von Thun, Friede-
mann: *Miteinander reden,
Bd. 1 – 3.* Rowohlt

Aus dem GRÄFE UND UNZER VERLAG

Engelbrecht, Sigrid: *Lass los,
was deinem Glück im Weg
steht.*

Eßwein, Jan T.: *Achtsamkeits-
training* (mit Audio-CD)

Grün, Anselm; Altmann,
Petra: *Das Glück der Stille.*

Schlüter, Christiane:
*Der Jakobsweg für zu Hause.
In 52 Schritten auf dem Weg
zu mir selbst.*

ADRESSEN

www.christiane-schlueter.de
*Vorträge, Workshops und
Seminare der Autorin zu
den Themen Schreiben und
inneres Pilgern*

www.barbara-lutz.de
*Kurse, Workshops, Vorträge
zu den Themen Atem-
coaching, Stimm- und Becken-
bodentraining*

www.lebensmutig.de
*Kontakte für biografisches
Coaching und Fortbildungen
in Biografiearbeit*

www.orden-online.de/
wissen/k/kloster-auf-zeit
*Informationen zum Thema
»Kloster auf Zeit« und eine
Linksammlung zu Angeboten
in Deutschland, Österreich
und der Schweiz*

www.uzruegg.ch/
schweigeseminar
*Schweigeseminare unter
fachkundiger Leitung zur
Selbstfindung und intensiven
Auseinandersetzung mit aktuellen Umbruchsituationen*

www.zentrum-mondsee.at
*5-tägiges Schweigeretreat
unter fachkundiger Leitung*

Mehr Energie, mehr Wohlbefinden!

ISBN 978-3-8338-2352-7

ISBN 978-3-8338-3983-2

ISBN 978-3-8338-4018-0

ISBN 978-3-8338-3328-1

ISBN 978-3-8338-2704-4

e Auch als eBook erhältlich.

REGISTER

IMPRESSUM

© 2015 GRÄFE UND UNZER VERLAG GmbH, München
Alle Rechte vorbehalten. Nachdruck, auch auszugsweise, sowie Verbreitung durch Bild, Funk, Fernsehen und Internet, durch fotomechanische Wiedergabe, Tonträger und Datenverarbeitungssysteme jeder Art nur mit schriftlicher Genehmigung des Verlages.

Projektleitung: Reinhard Brendli

Lektorat: Ulrike Auras

Bildredaktion: Nadia Gasmi

Umschlaggestaltung und Layout: independent Medien-Design, Horst Moser, München

Herstellung: Susanne Mühldorfer

Satz: Uhl + Massopust, Aalen

Lithos: Longo AG, Bozen

Druck und Bindung: Drukarnia Dimograf SP. z o.o, Polen

Gedruckt auf Galaxi Supermat, exklusiv bei der Papier Union.

ISBN 978-3-8338-3419-6

2. Auflage 2016

Bildnachweis
Andia Fotoagentur: Cover, S. 1;
Anke Bär: S. 60/61, 152/153;
Tatiana Davidova: Vignetten;
Getty Images: S. 62, 110;
Masterfile: S. 3, 8, 132;
Plainpicture: S. 4, 5, 30, 46, 142;
Stocksy: S. 2, 6, 86

Syndication:
www.jalag-syndication.de

Umwelthinweis
Dieses Buch ist auf PEFC-zertifiziertem Papier aus nachhaltiger Waldwirtschaft gedruckt.

Danksagung der Autorin
Für wertvolle Anregungen zu diesem Buch danke ich meiner Freundin, der Diplom-Psychologin und Psychodrama-Therapeutin Annette Meier-Braun.

Liebe Leserin, lieber Leser,

haben wir Ihre Erwartungen erfüllt? Sind Sie mit diesem Buch zufrieden? Haben Sie weitere Fragen zu diesem Thema? Wir freuen uns auf Ihre Rückmeldung, auf Lob, Kritik und Anregungen, damit wir für Sie immer besser werden können.

GRÄFE UND UNZER Verlag
Leserservice
Postfach 86 03 13
81630 München
E-Mail:
leserservice@graefe-und-unzer.de

Telefon: 00800 / 72 37 33 33*
Telefax: 00800 / 50 12 05 44*
Mo–Do: 9.00 – 17.00 Uhr
Fr: 9.00 – 16.00 Uhr
(* gebührenfrei in D, A, CH)

Ihr GRÄFE UND UNZER Verlag
Der erste Ratgeberverlag – seit 1722.

GRÄFE
UND
UNZER

Ein Unternehmen der
GANSKE VERLAGSGRUPPE

f www.facebook.com/gu.verlag